No Mundo de Regeneração

No Mundo de Regeneração

Augusto Silva

Médium: José de Castro Pinto Júnior

**Dados Internacionais de Catalogação
na Publicação (CIP)
(Câmara Brasileira do Livro, SP,
Brasil)**

Silva, Augusto (Espírito)
    No mundo de regeneração / [ditado pelo
Espírito]
Augusto Silva ; [psicografado por] José de
Castro Pinto Júnior. -- 1. ed. -- Lavras, MG :
José de Castro Pinto Júnior, 2023.

    ISBN 978-65-00-76340-9

    1. Doutrina espírita 2. Espiritismo
3. Mediunidade 4. Psicografia I. Pinto Júnior,
José de Castro. II. Título.

23-166615   CDD-133.93

Índices para catálogo sistemático:

    1. Psicografia : Espiritismo
    133.93

    Aline Graziele Benitez - Bibliotecária
                - CRB-1/3129

Introdução

Este livro é composto por textos que escrevi separadamente. Mas é meu dever informar ao prezado leitor e prezada leitora que eu sou apenas um médium, um instrumento nas mãos daqueles que são os verdadeiros autores da obra, os Espíritos Augusto Silva, Je-ký e Sélem.

Não o compusemos por meio da psicografia, mas sim na certeza de que tais Benfeitores Espirituais me inspiraram o tempo todo.

Nossa intenção é fomentar a reflexão em torno dos diversos temas abordados, tendo na conformidade com a Doutrina Espírita nossa preocupação maior.

Votos de muita luz e felicidade.

O autor.

Segurança Pública

Eis a nossa proposta então.

Se violência resolvesse o problema da criminalidade já tinha resolvido. Haja visto os países onde têm pena de morte, que não conseguiram ainda erradicar o mal que aflige a todos.

Concluirei.

É necessário dar ao criminoso a oportunidade da reflexão e consequentemente a oportunidade de se arrepender do que fez.

Se duas cabeças pensam melhor que uma, duas cabeças também pensam pior que uma.

Os prisioneiros devem estar isolados uns dos outros nos presídios.

Se cada um ficasse em uma cela, onde haja um banheiro que o próprio prisioneiro limpe, uma pequena varanda onde ele possa tomar banho de sol, sem visitas íntimas e fazendo suas refeições ainda em isolamento, ele iria pensar no que fez.

Pena de morte não é solução porque mata-se o corpo, mas não se mata o espírito que pode ser muito mais perigoso sem o corpo físico.

Ou não há demônios?

Demônios ou espíritos inveterados no erro são espíritos revoltados que partem pra vingança para com aqueles que, às vezes erradamente, os puniram quando estavam encarnados.

Uso da força e legítima defesa sim, violência não.

Se só o amor constrói segurança pública se faz com inteligência.

Se todos pensarmos assim estaremos cumprindo a lei de Deus e na certa a sua ajuda não irá nos faltar, porque Ele é fiel.

Estupro, Doença?

Pai, perdoa-os eles não sabem o que fazem.

Quando o Mestre aclamou esta que seria uma de suas últimas frases no plano físico, ele não se referia somente àqueles que o assassinavam. Mas a todos nós que não somos perfeitos em nossas convicções.

A favor da vida, será que todos somos perfeitos ao sustentarmos que somos a favor da vida?

Jesus sim ele era a favor da vida de todos, inclusive a de um estuprador, sem absolutamente ser conivente com qualquer crime.

Conforme disse Sélem, só Deus sabe o que faz.

Mas tranca-se o estuprador numa cadeia e "joga a chave fora".

Se Jesus era a favor da vida de todos, ele o era também da vida daquela criança gerada a partir de um estupro.

E vou tentar explicar porque.

Porque Deus é Pai, infinitamente bom e justo.

Se concordam comigo, talvez vão concordar também que cada um tem a vida que merece.

Se colho um fruto amargo hoje é porque no passado não plantei uma boa semente, nesta existência ou nas anteriores.

Mas a Sua misericórdia não abandona ninguém.

Porque o espírito, em missão, que estará reencarnando no ventre da mulher vítima de um estupro, pode ser justamente a pessoa que irá fazê-la superar o trauma do crime.

Aborto só em casos onde há risco de morte para a mulher.

18/01/2021

Por Que Dividir É Multiplicar?

Se eu tenho 4 doces e junto de mim tem 1 pessoa, eu e esta somos 2 pessoas. Se eu der a ela 2 doces seremos eu e ela com dois doces cada. Duas pessoas felizes.

Se eu tenho 4 doces e como os 4 doces sozinho, serei uma pessoa feliz, ou melhor dizendo, um egoísta, não serei uma pessoa íntegra, ou integral, serei uma ½ pessoa, uma pessoa não totalmente feliz.

Logo

$$4 \text{ doces} \div 2 \text{ pessoas} = 2$$

e

$$4 \text{ doces} \times \tfrac{1}{2} \text{ pessoa} = 2$$

A única diferença é que se eu comer os 4 doces sozinho corro o risco de ter 1 dor de barriga.

E se eu repartir os doces com uma outra pessoa que necessite posso estar fazendo 1 amigo de verdade.

Que Deus nos abençoe.

04/02/2021

Linguagem Espiritual

Fala-se que um espírito de luz diz muita coisa às vezes com poucas palavras.

Certa feita sem que eu pedisse autorização dos Amigos Espirituais tentei editar e publicar um livro que recebi de suas mãos.

A respeitável Editora indeferiu a obra.

Chateado percebi que alguns excertos da amostra do livro foram grifados, ficando evidente que eram partes cujo analisador discordara.

Mas não desisti de nada, graças a Deus e aos Amigos Espirituais que muito, mas muito trabalho tiveram para sustentar à minha família e à sociedade a minha mediunidade.

As mensagens de Sélem e as de outros nobres escritores foram um sustentáculo pra mim.

E recentemente publiquei no grupo Família Espiritual (Espiritismo), do Facebook, uma mensagem dela e, separadamente, uma explicação minha referente a mesma, porque entendi e me baseei nas poucas palavras da benfeitora espiritual.

A mensagem de Sélem que publiquei ninguém curtiu. Até então.

Mas curtiram a minha explicação que só fora possível graças àquela mensagem.

Ou seja, sem me julgar evoluído, mas sim porque os Espíritos é que me mostraram, relato que é necessário desenvolvimento espiritual para compreender o que os espíritos de luz dizem, às vezes. E há dizeres assim na Bíblia, mesmo no Velho Testamento.

A referida mensagem de Sélem não chega a ser enigmática.

Mas a verdade necessita ser ensinada à altura. Para compensar vibrações. Assim como uma refeição nutritiva de um adulto não se ministra a uma criança de tenra idade. Algo que aprendi com Emmanuel.

E quanto à parte do livro que a Editora discordou é a que Sélem nos ensina que muito ainda há o que se falar de mediunidade.

05/02/2021

Coincidência, Ou Providência?

Há poucos anos teve na cidade de Lavras um forte temporal.

Foi assustador.

A energia elétrica foi interrompida, eram aproximadamente dezessete horas.

Enquanto aguardávamos, fiz uma séria reflexão em torno do que somos face à força do vento e ao tamanho da atmosfera. O que significa a nossa morada, por mais bem feita que seja, diante daqueles temporais que costumam assolar os EUA e outros países.

Mas dizem que Deus dá o frio conforme o cobertor.

Imaginei-me e a minha casa como que um cisco facilmente varrido por uma pequena brisa neste imenso espaço sem fim.

Anoitecera e como a luz não voltara providenciei fósforos e vela para levar para a minha escrivaninha.

A casa fechada me dirigi ao aposento ainda assustado, fortemente motivado a agradecer a Deus por ter me protegido e a todos da minha família.

E num instante de pura lucidez, arrebatado, sob a luz da vela, me dirigi ao crucifixo e quando, no exato instante que eu ia agradecer ao Senhor por tão grande graça, a luz acendeu, a energia elétrica se restabelecera.

Pude continuar meu trabalho a partir de então positivamente impressionado.

Prezado leitor talvez eu não tenha capacidade para transferir-lhe a certeza da existência e da bondade de Deus, mas eu a tenho, devo isto a amigos espirituais. E não é unicamente pelo que acabo de lhe narrar.

Quem tem olhos de ver, veja.

08/02/2021

Chamas De Amor

Após passar por vários transtornos eu conheci Chamas de Amor, uma casa de família onde a proprietária, tendo os filhos criados e independentes abraçou o mediunato com muita devoção a Deus e à sua mãe, esta que até o ano de 1967 desempenhara também a sua missão na região de Lavras, Minas Gerais.

Julgo inoportuno escrever o nome da médium por enquanto.

Sélem é o nome de sua mãe, hoje um espírito de luz que sabia coisas de minha vida que eu não sabia. A ela devo gratidão eterna pelo muito que me ajudou, quando a minha própria família, médicos e espíritas desta cidade lavaram as mãos com relação aos meus problemas, algo que o Espiritismo chama simplesmente de mediunidade.

Problemas que se converteram em vantagens.

E comecei a perceber isto quando em 1995, durante o sono, em desdobramento espiritual me encontrei com Chico Xavier, a quem lhe ofereci meus préstimos de intermediário dos espíritos caso ele, Chico, "me contratasse".

Pois não via na minha cidade ninguém que me oferecesse uma cadeira em Centro Espírita onde eu pudesse servir ao Plano Maior. Exceto Chamas de Amor, uma casa, local onde, segundo os espíritas, não é apropriado para trabalhos comumente observados nos Centros.

Naquele sono eu e Chico nos aproximamos e para minha surpresa ele pegou numa caneta (ou lápis) e papel, e com muita alegria e bem humorado escreveu a assinatura de Sélem, dizendo-me:

_Vê se é isso.

O espaço de tempo que passei ao lado de Chico foi diminuto, mas tamanhas foram as habilidades dele e de Sélem para me informar que a partir de então eu teria uma nobre companhia a iluminar meus passos, junto à amada Doutrina dos Espíritos.

Há vinte e seis anos trabalho com Sélem e outros espíritos em minha residência e só posso dizer que coisas felizes aconteceram e irão acontecer.

09/02/2021

O Código

Não há médium no Brasil e no mundo amante do Espiritismo Cristão e admirador de Chico Xavier que não tenha pensado: Será através de mim que o então espírito de luz Chico Xavier confirmará o código ou senha combinado antes com seus confidentes.

Confesso que o exposto já passou pela minha cabeça.

Mas em desencargo de consciência sinto à vontade para delinear este texto. Explicarei por quê.

Porque ficaria tão igualmente agradecido a Deus caso não seja eu, por descobrir que entre nós há um outro competente médium. Ou seja mais um trabalhador para a Seara.

Então eu tento fazer o que pede minha consciência: motivar e encorajar nossos irmãos a arriscarem. Porque sei quão doloroso e trabalhoso é estar na plenitude dos domínios da mediunidade.

Pra você, prezado leitor, o que seria aquele código?

O Chico não sorteou palavras frívolas, antes a nobreza de seu ser orientará mais uma vez, se necessário for, os médiuns a trilharem um caminho de amor e justiça.

Acreditando que chegou a minha hora de experimentar o sapatinho de cristal digo que se eu tivesse sido Chico Xavier eu escolheria as palavras: calma, paciência e tolerância.

Porque não há no mundo nada que a humanidade necessite mais que isso.

Conforme disse Raul Teixeira ser "espírita não é pra quem quer, mas pra quem aguenta", logo ser espírita é mérito e ser médium espírita é ser escolhido.

Deus nosso Pai obrigado pelo dom da vida, por eu ser espírita, por ser médium e acima de tudo por saber que a amizade com os Espíritos de Luz é o que a Doutrina tem para oferecer de melhor.

15/02/2021

Com O Necessário

Quando digo que o ser humano necessita aprender a viver com o necessário não estou dizendo que ele deva morar num casebre à beira de um rio, que vez por outra enche e arrasta tudo. Muito pelo contrário.

A riqueza material pode ser o necessário de uma pessoa. Aquilo que ela necessita para cumprir com sua missão a qual escolheu antes de reencarnar.

O que peço licença para dizer ao prezado leitor, ou leitora é que todo excesso é prejudicial inclusive de dinheiro.

Pois dinheiro atrai bandido da mesma maneira que carniça atrai urubu.

Para tanto veja-se o que aconteceu com um casal, amigos de Chico Xavier.

O preclaro Emmanuel em manifestação mediúnica disse a ele e ela que em determinada data eles iam receber um presente do Alto.

Esta chegou e os mesmos aguardaram a surpresa, felizes da vida. Mas chegando a noite, como nada acontecia dormiram.

Na mesma noite ladrões invadiram a casa e roubaram as joias da família.

Percebendo aquele infortúnio o casal se dirigiu ao Chico e lhe disse que nada acontecera como Emmanuel prometeu, e além disso foram roubados.

O Instrutor em nova manifestação interpelou o compreensivo casal argumentando que àquelas joias estavam presos, ou apegados dezenas de espíritos. E por obra de Deus e seus enviados tais espíritos foram doutrinados e muitos deles aceitaram renunciar às mesmas joias. Os que não aceitaram a doutrinação foram buscar os bandidos que naquela noite invadiram aquele lar.

Sélem dizia quando estava encarnada que quem tem muito tem pouco.

Que você, meu irmão tenha do bom e do melhor, mas lembre-se que bom mesmo é <u>curtir</u> a vida <u>comentando</u> aquilo que se pode <u>compartilhar</u>.

Paz contigo.

Caridade

O Mestre Jesus nos ensinou a dar a quem nos pede e a emprestar a quem nos pede emprestado, sem qualquer ressalva em Sua sabedoria e bondade.

Todavia devemos nós outros seguir à risca tal orientação, sem margem para formularmos a nós mesmos qualquer pergunta quanto à realidade e a problemas do hoje, que não havia na época do Senhor?

Como as drogas por exemplo.

Jesus sabia o que estava fazendo e mais uma vez não cometeu mancadas.

Quanto a isso vou tentar explicar por quê.

Não erramos quando damos alguma esmola, mesmo que o pedinte a use para comprar um entorpecente.

Poderíamos nos restringir somente na afirmação de que nós estamos fazendo o bem, e se o pedinte compra drogas ou álcool é problema dele.

Mas temos uma explicação plausível para oferecer ao nobre leitor, na alegria que nos motiva a fazê-la.

Se sabemos que o pedinte irá comprar drogas, ou outro mau uso não devemos dar, seria descaridade fazer isso.

Porém se doarmos a alguém que for comprar álcool ou drogas, sem nossa ciência, observemos que enquanto o alcoólatra está com o copo de cerveja na mão não está fazendo o mal. Enquanto o usuário de craque se ludibria na inconsciência da droga está evitando o assalto à mão armada. Enquanto o criminoso faz compras com o dinheiro ganho como profissional da mendicância, ele não está invadindo propriedade alheia para roubar.

Conforme disseram os Espíritos Superiores pedir esmola é humilhante para quem pede e a quem se pede. Porque às vezes quem não tem pra dar é obrigado a expedir "um atestado de pobreza" na presença de outras pessoas.

Porém quem se habilita a doar não mais a esmola, mas sim cotas de integridade a quem necessita, mostra pra Deus e o mundo que o significado da palavra caridade é sinônimo de razão, a razão da vida.

Se é verdade que a pobreza irá acabar um dia, o inédito e a criatividade farão face às relações, aos intercâmbios e relacionamentos ao ponto de entendermos porque o Alto bate sempre na mesma tecla.

Sexo E Paz

Há relato de Chico Xavier onde o então médium diz quão difícil foi na sua vida a castidade. Mas valeu a pena.

A vida conjugal e familiar não proporcionaria ao hoje benfeitor do mundo espiritual, quando entre nós, o tempo para que ele deixasse ao mundo seu legado literário, acompanhado de preciosíssimas ações em prol dos que padeciam e padecem por amor e carência material, tal como deixou.

Não é necessário ser um espírita experiente para perceber que a abstinência do sexo é uma provação árdua, onde muitos sucumbem independentemente da religião que professem.

Não tenho a pretensão de ser um Chico Xavier, mas creio agradecidamente a Deus que podemos ser úteis na nossa esfera de ação.

E para tanto eu também agradeço ao prezado leitor por me acompanhar aqui onde pretendo lhe relatar a experiência que vivi no âmbito do sexo, onde Sélem, uma benfeitora espiritual, a quem tenho por minha mentora, me dirigiu para que hoje eu ainda sinta o gozo de ter resistido àquela oportunidade de me relacionar com aquela bela jovem de cabelos longos, mesmo não tendo ela e eu algum compromisso alhures.

Seria uma aventura.

Eu não a amava.

Naquela cômoda casa de minha mãe a campainha tocou. Era a bela Nicole solicitando à minha genitora o conserto da rede elétrica da quitinete onde residia, anexa à nossa casa, também de propriedade da minha saudosa matrona.

Eu sem me deixar desta vez levar pela atração feminina, antes no dever de um espírita me dispus em ajudá-la, pois o meu ofício era de eletricista.

Ela aceitou.

E ao chegarmos lá vi que o problema era muito simples. Mesmo assim não conseguia consertar, porque fui tomado de grande ardor. Tanto eu quanto ela. Fiz até o que Deus duvida para resistir à atração a pedido única e exclusivamente da minha consciência.

Sélem não via a minha ida àquela casa de bons olhos.

Porém graças a ela fizemos um bem, simplesmente por não fazermos nada.

Resisti.

Pressenti que o bem fora feito.

A própria Sélem através de sua filha, que é médium e a quem eu não contei nada, me narrou que a minha atitude de me preservar e àquela que era uma bela adormecida dos assuntos espirituais, libertou um espírito, digno de nossa consideração, que como eu se encantara com aquele corpo escultural e rosto de anjo, mantendo-se ao seu lado sob forte "fascinação". Por forças ocultas quiçá magnéticas.

Sélem apenas me pediu: mas tenha cuidado.

O ser humano teme ser uma nobre exceção no convencionalismo social, que muitas vezes é indigno, principalmente no que diz respeito ao sexo.

Dizem, mesmo casados:

_ Se eu não pegar a outra mulher me chamam de boiola.

Oh modernismo, senhor escravocrata da atualidade, que todos vejam suas garras e se previnam delas!

Não sou casado por isso acredito ter o direito de escrever aqui: ainda me dói, quando lembro, não ter aproveitado aqueles momentos com a bela jovem. Porém uma voz bendita "não sonora" me diz cheia de satisfação, quando a insensatez quer se apoderar de algo que esta perdeu por obra de Deus, quando a caridade prevaleceu: lembre-se do bem que fora feito.

Então a satisfação de ter libertado aquele irmão espírito se repete no meu dia-a-dia como se eu fizesse amor com a própria Doutrina que professo.

28/03/2021

O Novo E O Inédito

Deus existe desde sempre. É o que a fé nos leva a crer. Sua perfeição é a bagagem que o Senhor carrega na incansável lida do tempo.

O Mestre Jesus disse para todos que havia coisas que Ele não podia ensinar naquela época, porque o homem não estava em condições de entender. Logo além das luzes que nos permitem apreciar a verdade, "novidades", para nós seres em evolução, surgirão dos atestados de verossimilhança que os Escolhidos deixarão para a humanidade, hoje e no futuro.

Escolhidos somos todos nós a partir do momento que decidimos permear a estrada bendita que leva à perfeição. Quando não podemos deixar de louvar a Sua justiça que na hora certa exalta o nome daquele e daquela que se esforçam mais que outros. Seja no plano físico ou no mundo dos espíritos.

Com Allan Kardec também foi assim.

Em suas obras há uma conotação que queremos associar aqui, para nos fazermos entendidos, se me permite o leitor.

No Livro dos Médiuns – 230 (IDE), o insigne Erasto relatou: "Na dúvida, abstém-te, diz um dos vossos antigos provérbios; não admitais, pois, o que não for para vós de uma evidência certa. Desde que uma opinião nova se apresenta, por pouco que vos pareça duvidosa, passai-a pelo crivo da razão e da lógica; o que a razão e o bom-senso reprovam, rejeitai ousadamente; vale mais repelir dez verdades do que admitir uma só mentira, uma só falsa teoria...".

Não obstante quanto às mensagens mediúnicas que brotam no seio da humanidade há uma importante observação a ser feita e que, graças a Deus tenho a oportunidade de citá-la aos meus queridos correligionários do Espiritismo.

Diante do que mencionou Erasto o homem deve entender ainda que nos novos, ou desconhecidos relatos, psicografias, psicofonias, etc. ele, o homem, terá mérito perante Deus se identificar e divulgar da maneira certa o que o Alto faz jorrar a nós outros necessitados de caridade e luz.

Emmanuel, por sua vez, em O Consolador – 227 (FEB) esclarece que "são tão grandes as expressões da misericórdia divina que nos cercam o espírito, em qualquer plano da vida, que basta um olhar à natureza física ou invisível, para sentirmos, em torno de nós, uma aluvião de graças".

A mensagem mediúnica então poderá ser uma destas.

E uma análise mais detalhada das respectivas amostras é o bem a ser feito, quando o coroamento do esforço será para aqueles que então identificarem o que o Alto na sua sacrossanta vontade tem a nos relatar.

Na minha experiência mediúnica os Espíritos sempre insistiram comigo num ponto capital: a atenção com tudo.

Se divulgar o Espiritismo é a maior caridade que se faz para com a Doutrina, o novo e o inédito são estímulos santificantes que provavelmente fazem parte de nossas vidas, e que às vezes tratamo-los como simples e corriqueiro.

Por fim conforme mencionou Sélem, "a mensagem do Alto pode ser um mamão com açúcar, mas será a receita certa e talvez única para algum mal".

Orixás, Anjos Ou Demônios?

Silveira Bueno em seu dicionário (FTD) define a palavra orixá como sendo "divindade de origem africana, guia"; se as pessoas de tais religiões entendem assim, pouco posso lhe informar.

Porém Deus é um só para quem crê nisto ou não.

Os orixás PODEM ser no máximo grandes espíritos de luz. Tais como os encontramos no nosso amado Espiritismo Cristão.

Deus não é uma propriedade exclusiva da nossa Doutrina, e na Sua infinita bondade Ele assiste a todos com o mesmo coração. E estas religiões africanas não são exceção.

Sem nos julgar superiores a ninguém, entendo que se tais irmãos se encontram no equívoco da concepção da verdade, faz-se preciso seres superdotados para fazê-los progredir, por isso se dentre os orixás se identifica um espírito superior receba nosso apreço.

O Espiritismo Cristão não idolatra os espíritos superiores, e sim, os admira no mais alto grau de reconhecimento de que os mesmos foram pessoas como nós, que triunfaram das dificuldades da vida em suas épocas.

Não obstante acredito ser importante ressaltar aqui o que aprendi com Chico Xavier, através do livro A Terra e o Semeador (IDE Editora), onde ele, respondendo a uma pergunta sobre Umbanda, diz, "você acredita que possam haver na Terra fórmulas de paz e felicidade, harmonia mental e compreensão mais elevadas e mais eficazes que as de Jesus?".

E se é verdade que todos nós somos deuses, conforme disse também Jesus Cristo (João 10:34), é lógico e justo que os orixás, sendo espíritos, sejam literalmente considerados deuses, ou divindades por seus devotos.

Estudo E Perdão

1ª parte.

Eu ainda era um neófito abundantemente desejoso de conhecer as experiências e postulados do Espiritismo Cristão, frequentador de carteirinha do Centro Espírita Augusto Silva, em Lavras, tão porque eu sabia que o convite a permear a Terceira Revelação vinha de uma fonte confiável.

Tão confiável que sempre permaneceu do meu lado em várias tempestades que vivi.

Por isso minha casa não caiu.

E hoje procuro honrar o nome de Sélem quem no entretempo de vinte e sete anos contados, selecionou pra mim lições e oportunidades que iriam enriquecer o meu eu, graças a Deus.

Em tal Centro Espírita na ida década de 90 recebíamos a honrosa visita do médium Reinaldo Leite, que palestrou lá de maneira eloquente e emotiva, o que para mim, por si só, já representou admiração à Doutrina. No entanto eu fazia parte do grupo de estudos e mesmo querendo participar de tal reunião, necessitado de aprender mais sobre as leis morais, meio a contragosto, fui interpelado pelo Presidente do Centro a acompanhar Reinaldo e a comitiva a São João

Del Rei, onde no mesmo dia o médium de São Paulo faria outra pregação.

Fui.

Lá chegando o cartaz dizia: "Palestrante: Reinaldo Leite, tema: De improviso.

Desta vez, além do tom vibrante de Reinaldo prestei atenção na história da qual eu guardei a sua moral e não maiores detalhes que também enriqueceram a pregação.

Vou contá-la o mais sucintamente possível. Pedindo desculpas ao prezado leitor.

Um homem tinha uma amante. Certa vez ele se arrependendo resolveu deixá-la e se dedicar só a família.

A amante para se vingar do ex-parceiro raptou e matou a filha dele.

Foi presa.

O Espírito da criança por várias vezes manifestou através de Chico Xavier insistindo para que a família perdoasse a grave infração.

A mãe da criança então recebeu desta a incumbência de visitar a infeliz no cárcere, para apenas jogar uma mensagem espírita naquela cela de aparência tenebrosa.

Feito isto a mãe, depois de muito esforço, disse que após ver a ex-amante do marido em tais condições teve certa facilidade para perdoar aquela mulher.

Reinaldo nos oferecendo a lição, com sua vidência, destacou no Centro Espírita de São João Del Rei a presença de desencarnados, para que estes, mais ainda, prestassem a atenção no que ele estava contando.

A expiação muitas vezes é relativa à gravidade do erro. Todavia hoje eu entendo, arrisco dizer, sob intuição, que os envolvidos naquele drama, as vítimas da época, deram algum prejuízo àquela criminosa outrora, de quem mais não se teve notícias.

Senão por que Deus permitiria tamanha dor.

Mais uma vez o perdão quebrando as algemas da culpa e extinguindo o mal.

2ª parte.

Impressionado tanto quanto eu o Presidente do Centro de São João Del Rei tomou a palavra e "roubou a cena", agradecendo a Deus a palestra de forma meio inesperada.

Reinaldo e um Senhor que o acompanhava seguiram de São João para São Paulo, e nós para Lavras.

No meio do caminho, depois de muito silêncio dentro da Kombi, eu me dirigi ao chefe da casa espírita de Lavras e lhe disse:

_O Senhor viu como o Presidente do Centro de São João Del Rei também foi feliz com seus dizeres!

Ele, contribuinte da verdade, com poucas palavras me pôs no meu lugar:

_ Aquilo foi falta grave.

Envergonhado diante dos demais da comitiva me calei de vez.

Por muito tempo eu pensei, qual foi o erro, o dele e o meu.

De fato as respostas um dia surgem.

Sélem então, por sua vez, hábil, paciente, amorosamente e de maneira alusiva me mostrou que os astros da noite eram aquela Entidade Espiritual e o médium Reinaldo, a vez era deles, quem devíamos respeitar honrosamente, tratando bem os benfeitores e convidados, antes de tudo do Mais Alto para nos dar a valiosa lição do perdoar.

Setenta vezes sete vezes por dia.

Bem feito pra mim. Se eu tivesse dito não ao Presidente do Centro de Lavras, quando em Lavras, eu teria ouvido "minha consciência" que me pedia para estudar.

De Lá Pra Cá

Se é verdade que o telefone só toca de lá pra cá penso ser oportuno tecer um comentário a respeito da prece.

É sabido entre os espíritas que Allan Kardec era um homem de profundo bom senso. Logo é justo perguntar, bom senso e fé racional seriam a mesma coisa?

Certo é que Deus não pode ficar de fora em nada na nossa vida.

O Livro dos Espíritos, questão 459: Os espíritos influem em nossos pensamentos e em nossos atos? "Muito mais do que imaginais, pois frequentemente são eles que vos dirigem.

Allan Kardec foi dirigido pelo Alto a fazer suas evocações e desta vez também se fez tocar o telefone de lá pra cá.

Todavia nada que seja empecilho à dedicação tão necessária que os médiuns devem ter para que os Espíritos de Luz deixem seus recados, pelo contrário, pois conforme já foi dito quanto mais a enxada trabalha mais a lâmina se afia.

Belas preces já se obteve por meio da mediunidade.

Então de lá pra cá.

Este é o nosso mundo e se quisermos habitar mundos mais avançados temos que ser convidados.

E para sermos merecedores uma das coisas que temos que fazer é saber rezar.

De lá pra cá vieram a inspiração e o impulso para que um dos discípulos de Jesus pedisse ao Mestre dos mestres a lição da prece, o que este então com grande prontidão se dispôs a ensinar o Pai Nosso, a perfeita prece que o tempo manteve intacto em sua simplicidade e afeto com que todos nós devemos a Deus.

Não é de muito rezar que será atendido, mas é com palavras do coração que nosso pensamento penetrará nos pórticos sagrados dos planos superiores à altura do Mestre para mendigarmos o Seu amparo e providência diante daquilo que necessitamos.

Entretanto no "seja feita a vossa vontade" identificamos, quanto à prece, a súmula da racionalização da fé, porque sendo Deus todo poder, todo ciência e todo bondade, à Sua vontade só nos resta dizer amém.

Lírios E Pássaros

"Seria conhecer bem pouco os homens imaginar que uma causa qualquer pudesse transformá-los como que por encanto". Este excerto integra a resposta da questão 800 de O Livro dos Espíritos.

Logo se o Espiritismo na sua feição consoladora e entusiástica, a princípio, não converte muitos homens, do mal para o bem, o que se dirá da humilde boa ação que tenta iluminá-los para o caminho do trabalho e da certeza de que Deus está no comando e que quem perseverar até o fim será salvo, será iluminado.

A nuance de estágios evolutivos no planeta Terra é imensa, em que se pode dizer que há gente de todo tipo.

Então se Deus existe por que ele permite a certas pessoas recolherem latinhas no lixo para sobreviverem.

Há verdadeiros trabalhadores que contribuem para a reciclagem do material e fazem disto sua fonte de renda e para sua família.

Porém há aqueles que mexem no lixo para chamarem a atenção da sociedade. Querem ser vistos como coitados, ou tadinhos. E perguntando-lhes por que não procuram um emprego melhor, eles falam que é difícil consegui-lo, e sem que se perceba a culpa recai na sociedade e nos Governos.

Um cento de latinhas que apanham no lixo por dia não lhes proporcionam a sobrevivência, há quem os ajuda e muitos são pessoas fortes.

André Luiz escreveu que não falta trabalho para as mãos honestas.

Emmanuel após ser questionado se podia-se esperar uma grande fome para os próximos anos (A Terra e o Semeador – 137), ele respondeu, dentre outras coisas, que "vale observar, porém, na condição de criaturas convencionais quanto à existência de Deus e da sobrevivência do espírito, que não podemos guardar qualquer impressão negativa quanto ao problema, porque o trabalho é sempre um prodígio da natureza humana".

Chico Xavier disse também que no Brasil não se passa fome. De fato, ao andarmos pelas ruas vemos pessoas esqueléticas?

Os canais de TV ao noticiarem a miserabilidade de pessoas, que se observe a caridade chegando junto.

Vemos pessoas fortes e gordas muitas vezes que poderiam trabalhar na jardinagem, na faxina, na cozinha, nos supermercados e por que não em escritórios.

Mas não, por motivos quiçá maliciosos, ocultos a nós outros que não gostamos de ver a mendicância em nosso amado mundo, denigrem a sua imagem e humilham o semelhante com suas petições e lamentações.

Responderão a Deus porque não trabalham e expiarão duramente o tempo ocioso e o mal que fazem ao oferecerem à sociedade uma falsa catástrofe econômica.

A economia tem muito que melhorar, mas antes disto a regeneração das almas é imprescindível.

17/04/2021

Mãe E Amor, Palavras Da Mesma Família

Uma mãe é sempre benção grandiosa que Deus congratula nossas existências, e que o amor perpetua para todo sempre.

Mesmo que ela não seja a expressão do afeto, da compreensão e da dedicação tão necessários para tudo na vida.

Sem que eu entre em maiores detalhes eu digo que tive duas, a que me concedeu esta existência feliz e outra, um Espírito de Luz, minha mãe em outra existência que me comprovou o supracitado.

O amor é a melhor coisa da vida.

E algumas vezes a vida nos pega de surpresa e nos põe à prova, a vermos se nosso sentimento é mesmo bastante forte para vencer tudo, tudo mesmo, inclusive a morte.

Às mães que "perderam" seus filhos eu dedico este texto na esperança de levar-lhes um pouco de consolo nesses corações que sofrem a pior das dores.

Sou solteiro e dedico minha vida à causa espírita há aproximadamente trinta e um anos.

Também não tive filhos, mas amei muito minha família, inclusive a um sobrinho que no ano de 2001 cometeu suicídio com quinze anos apenas. Um rapazinho filho de pais ricos e com saúde que, à primeira vista, tinha tudo pra ser feliz.

Meu sofrimento se não foi o de uma mãe que se separa de um filho pelo desencarne, foi o de um pai.

Mas graças a Deus eu tive o Espiritismo Cristão que me ajudou a superar tudo, tudo mesmo.

Por isso mães prestem a atenção.

O ocorrido transtornou minha família, mas a minha fé me dizia: isso tem jeito, para Deus nada é impossível.

Rezei todos os dias para sua recuperação e pedia ao Senhor que o perdoasse, afinal ele era apenas uma criança.

E se tudo na vida é mérito, eu trabalhei, trabalhei muito também na esperança de ser um dia merecedor de ter notícias felizes do meu sobrinho.

Bendito seja Deus que nos uniu no amor do Cristo e se Ele nos uniu Ele sabia o que estava fazendo.

Sou médium e já tinha recebido uma mensagem dele para seus pais, não sei se acreditaram, mas eu sim, porque sei quem é Sélem, a minha outra mãe, um Espírito, e conheço muito do que ela é capaz.

Não obstante há mais ou menos dois ou três anos eu, em sono, em desdobramento espiritual, encontrei com meu sobrinho na mesma lucidez que tento agora consolar as mães que ora leem o meu humilde texto.

No encontro com meu sobrinho, algo que durou poucos minutos, ele, alegre, me disse:

_ Juninho, você pensa que isso que você faz é você que faz?!

Ele estava bem.

E eu depois que acordei, pensei, safado eu rezo durante esses anos todos pra você e agora você me diz isto! Por desaforo agora eu não rezo mais!

As mães que se separaram de seus filhos pelo desencarne deles e procuraram Chico Xavier, que receberam notícias e foram consoladas, muitas ou todas tiveram suas vidas modificadas, se tornaram servidoras do Cristo na assistência social.

Já disse isto em algum Grupo do Facebook, mas acho ser bom repetir aqui, eu tenho certeza que a vida continua. Porque vejo quem já morreu, vejo espíritos.

Sélem, Dona Maria, um beijo.

22/04/2021

Religião, Mas O Que É Religião?

Religião é graça de Deus, é momento sagrado que nos possibilita conhecer a verdade que alegra, consola, conforta e fortalece para o dia-a-dia.

Religião é estar religado com Deus mesmo que indiretamente através de Seus prepostos, os Espíritos de Luz. O que não impede que tal vivência seja momentos de felicidade.

O homem não é feliz. Porém será que se ele estivesse praticando a religião certa não seria feliz? "Só Deus sabe".

E é o que Deus me permitiu saber que procuro, para o meu bem-estar e daqueles que esperam de mim algum exemplo.

Dizem que ao Espiritismo se vai por amor ou pela dor.

Eu fui por intuição, por graça, que me faria enfrentar posteriormente inúmeros combates.

Jesus já dizia que o homem que ouvisse as suas palavras e as pusesse por obra seria comparado ao homem sábio que construiu a sua casa em cima da rocha.

E um desses combates eu enfrentei quando tentei conquistar uma vaga à mesa de algum Centro Espírita. Mas não me deram.

E não foi por isso que deixei de ser médium.

Diz-se que a casa espírita é o lugar ideal para o mister mediúnico. Nas minhas preces habituais faço a Prece de Cáritas três vezes por dia de cor, e em determinado Centro quando foi a minha vez de proferi-la não me lembrei de seus doces artigos.

Insisti. E tive que descobrir a verdade a duras penas.

Quando eu mais precisei do apoio moral de conhecidos espíritas eu não o tive. Tive, isto sim, por parte deles o sopro frio da adversidade.

Chico Xavier já dizia que tinha a necessidade de frequentar um Centro Espírita onde houvesse os amigos de Jesus.

E na certa se ele não fundasse o seu próprio, dificuldades ele ia enfrentar pela frente.

Será que no aconchego do nosso lar, no recolhimento da prece e no silêncio da noite não seria um local abençoado para praticarmos a religião.

A mediunidade.

E conhecereis a verdade, e a verdade vos livrará, disse Jesus Cristo também.

Livrará de tudo inclusive de correligionários espíritas autoritários que querem impor ao Espiritismo seus conceitos egoístas e vaidosos que muitas vezes confundem o iniciante e quem quer ver a luz.

Como se as perfeitas leis de Deus permitissem ao homem fazer nelas qualquer adendo ou errata.

Um conselho eu dou aos espíritas que frequentam Centros: não desvirtuem o objetivo maior do Espiritismo que é a caridade, os Espíritos Superiores não coadjuvarão com outros intentos.

O Espiritismo Cristão é a religião que mais encerra em seus postulados a verdade.

O homem gosta de ouvir o que quer e não o que necessita.

Veja-se Jesus, de novo, vez por outra pegava-se em pedras para lhe atirar, quando o Mestre dizia o que tinha que ser dito.

Dizem ainda que é desaconselhável que, em lugares não preparados para o mister mediúnico, venha a ocorrer fenômeno com a anuência do sensitivo.

Deus é fiel, se ele me fez médium a mim também ele permitiu um lugar ao sol. Preparação de um lugar ideal para exercer a mediunidade se faz da noite para o dia. Só ressalvando que a preparação maior não está na magnetização das paredes, mesas e aparelhos que os Benfeitores põem no Centro Espírita, mas sim na conduta reta do médium que pode residir num ambiente hostil e que nem por isso deixará de receber do Alto grandes mensagens e consoladores recados.

Devido à pandemia nossas casas têm sido verdadeiros Centros Espíritas e nossos computadores ora tribunas, ora altares. Que se veja a bondade do Senhor dando a palavra e facilitando a caridade. Vai depender de nós não viciarmos mais este recurso que o Alto põe ao nosso dispor.

Deus não quer a ignorância, mas sim que todos repartem o que a vida tem de melhor: a verdadeira amizade. Algo que a religião tem de melhor para oferecer.

Graças a Deus eu sou espírita.

O Reino De Deus

Umbral é entrada, patamar. Em Espiritismo umbral é um plano inferior ao da Terra, um lugar habitado por espíritos doentes e rebeldes, mas assistidos por Deus e por espíritos superiores que fazem da vida um só Reino de organização e disciplina.

Vide Jesus Cristo que visitou Judas no plano para o qual as Leis da Vida o remeteram após o falecimento de ambos.

Há quem pergunta se o umbral é assustador. E a quem pergunta o que é umbral.

Se Jesus, que tinha o Reino de Deus dentro de si, "desceu" nas profundezas para levar esperança àquele que pode ter sido o pior dos criminosos, a pergunta que eu faço é onde é o inferno?

Há lugares na Terra onde a maldade dos homens ofuscam o azul do céu e o brilho das estrelas, não dando ao cidadão comum como eu, o direito de usufruir da liberdade de ir e vir. Onde a manifestação do pensamento é recebida a chumbo e onde o direito constitucional não passa de letra morta na mais próxima das livrarias.

Porém é onde se merece estar, é onde se merece viver, mas é de onde também Deus não tira os olhos.

Se a Terra, por vezes parece o próprio inferno, a mente dos homens é capaz de desenhar o lúgubre aspecto do Umbral.

Um lugar onde a luz da sabedoria e a do sol não atingem. Onde a repressão é a moeda do troco que se recebe por ter maculado as auroras de vários dias, quando se podia ter feito o bem, mas se optou pelo mal quando na Terra.

Tanto o Umbral como o Inferno são criações do espírito.

Como o Céu é a conquista do esforço e do mérito.

Não me joguem pedra por dizer que o mundo é perfeito, tal como tentaram fazer com Jesus ao dizer que Ele e Deus são um só.

Se a vida na Terra às vezes parece o próprio Umbral, ou o Inferno é o que se está merecendo. Pior seria se não fosse assim.

Deus é perfeito, as suas leis são perfeitas e se o mundo não fosse perfeito haveria atenuantes para todos os crimes e infrações cometidos.

Encerro o meu humilde texto com as palavras de Sélem, na permissão que ela me concedeu.

"A vida se não tivesse organização Deus não teria o controle de tudo".

Ateu E À Toa

O universo é mesmo infinito, ver O Livro dos Espíritos, questão 35. Então perante o infinito o planeta Terra não passa de um cisco. Por que Deus faria vida humana só neste cisco?

Quanto mais se abarca, pelo pensamento, o Universo, é a Terra de menor proporção. Um cisco na tendência ao infinitamente pequeno.

Mas Deus se ocupa de todos nós. Fomos criados e não esquecidos pelo Senhor.

E tem gente que diz – da boca pra fora – que não acredita em Deus.

Outras não acreditam em extraterrestres.

Por que, seria Deus uma impossibilidade diante de tanta vastidão?

Ou não se aprendeu o bê-á-bá da religião?

Depreende-se dos dizeres de Emmanuel em O Consolador que não há homem sem fé, todos acreditamos em algo superior. Porém há quem não considera Deus e seus propósitos. Não O temem.

Porque ele se acha o centro do Universo. Por este motivo exigiram de Galileu Galilei a mentira.

Se o homem é o que ele pensa, então ele é a mentira.

A mentira que esfarrapa seu espírito, o qual o mesmo homem renega.

Até na hora da morte.

Para o ateu o fim de tudo.

Mas até que este fim chegue ele reclama por estar ficando velho, fica ranzinza.

E quando chega o dia faz careta pra morrer.

Era pra ser o contrário.

Horror ao nada, ou ao desconhecido?

Por orgulho desprezaram o conhecimento, não se esforçaram para saber.

Não tiveram o mérito da fé em Deus.

Pois se tivessem estavam preparados para adentrar no espaço da verdade. Do conhecido partiria para o desconhecido, bem em harmonia com as Leis Naturais. Acreditariam nessas leis e então as praticariam, como faz a minoria da população do planeta Terra.

Há muitos mistérios entre o infinito e nós.

Mas nós espíritas estamos no caminho, o imprescindível é que busquemos a Deus através do bem, o resto será o entendimento em forma de recompensa.

A maravilha de tudo.

Porque o nada não existe.

59

Caminhar

Outrora numa era ainda distante da Codificação Kardequiana, o mestre Jesus, no seu perfeito discernimento e equilíbrio, disse: "todo o que comete pecado é escravo do pecado" (João 8:34).

Diz-se também que de grão em grão a galinha enche o papo.

Logo de erro em erro se forma o viciado.

A observação nos mostra que o homem de pequenos em pequenos delitos comete um crime, às vezes, ainda maior.

Ou seja, de pequenas em pequenas mentiras se adentra no submundo das sombras, o mal, aquele onde a ausência do bem não educou, não edificou desde a infância a casa sobre a rocha mais sólida.

A mentira é a ausência do bem, o bem que em todas as situações da vida tem o que dizer, mesmo quando não se tem o que oferecer.

A corrupção é ação terrorista e esta se aprende também nas escolas.

Tentarei explicar.

O filho e aluno inobservado dia a dia experimenta a cola, na inocência e se prende no vício do menor esforço com o passar dos anos. Se seu espírito já não for reincidente.

Passam os anos, "não passa de ano" e recebe seu diploma sem qualquer legitimidade.

Atolado em mentiras que o impedem de sacudir o jugo de mentes infelizes que passam a obsediá-lo.

Escravo do pecado.

Ah, a mentira a inimiga de Deus, verme roedor das melhores esperanças, instrumento da calúnia e da fofoca, que ceifa vidas e destrói lares!

Por isso.

Se não pudermos falar a verdade mudemos de assunto, não falemos nada ou saiamos de perto. Coragem irmãos!

Emmanuel escreveu em O Consolador (192 – FEB) que "mentira não é ato de guardar a verdade para o momento oportuno, porquanto essa atitude mental se justifica na própria lição do Senhor...".

Podemos evitar as mais simples mentiras em benefício de todos, como podemos dizer as mais relevantes e oportunas verdades na implantação do bem.

A verdade constrói o mundo.

Um documento com bases em fatos felizes é legado para a posteridade, e nem sempre é testamento.

Oremos e vigiemos "vinte e quatro horas por dia" sempre ciente que o nosso exemplo é a expectativa dos mais jovens.

Não se alimenta o coração com ilusão.

E cada vitória do bem é uma rocha a mais que se põe no alicerce do mundo de justiça e fraternidade que todos nós sonhamos.

Sonhemos com o pé no chão, a verdade é o que nos faz caminhar.

Tranquilize-se

Tem-se questionado publicamente quanto à legitimidade dos grandes ensinos deixados pelos benfeitores que já não estão mais entre nós, encarnados. Se tais ensinos são mesmo de celebridades como Chico Xavier, Allan Kardec, entre outros.

Estaríamos nós correndo sério risco de sermos enganados por pessoas ardilosas que encerram em si o dom da eloquência e da erudição sem sentimento, quando tentamos construir e manter "nossa morada", a nossa convicção, num assunto de suma importância como é a religião?

Falsos cristos, lobo em pele de ovelha e gente interessada na desonra encontramos no caminho e são instrumentos de que Deus se serve, às vezes, para testar a nossa fé e confiança no Senhor.

Todos somos médiuns.

Perguntado onde o maior escolho do apostolado mediúnico, Emmanuel respondeu, "o primeiro inimigo do médium reside dentro dele mesmo. Frequentemente é o personalismo... o segundo inimigo mais poderoso do apostolado mediúnico não reside no campo das atividades contrárias à expansão da Doutrina, mas no próprio seio das organizações espiritistas, constituindo-se daquele que se convenceu quanto aos fenômenos, sem se converter ao Evangelho pelo coração, trazendo para as fileiras do Consolador os seus caprichos pessoais, as suas paixões inferiores, tendências nocivas..." (O Consolador; 410 – FEB).

Os maiores adversários do Espiritismo estão dentro da própria Doutrina.

Cegos que conduzem cegos.

Algumas são pessoas viciadas em ferir através da palavra, para os quais a caridade é a menor de suas preocupações. Espreitam quem se releva ante os demais à feição de serpente perigosa na touceira de capim. Fazedores do mal. Falam, debatem, escrevem, ostentam.

Diante de tais adversidades há justificativas para as inquietações que existem na ausência de líderes importantes que as sociedades requerem?

Não vos hei de deixar órfãos, disse Jesus Cristo.

E quanto à verdade, aos ensinamentos imprescindíveis à formação dos caráteres e personalidades, ele nos tranquilizou ao contar ao mundo a parábola do joio no trigo, da qual salientamos: o fazendeiro: "o homem inimigo é que fez isto", seus funcionários: "queres tu que nós vamos e a arranquemos (arrancar o joio do trigo)?". O sábio fazendeiro disse não, com a justificativa de que arrancando o joio aconteça de arrancar também o trigo. Porém completou, "deixai crescer uma e outra coisa até a ceifa".

O joio e o trigo.

A mentira e a verdade.

Ambas crescem juntas, mas o Grande Fazendeiro que é Deus lhe dirá: "Colhei primeiramente o joio, e atai-o em molhos para queimar, mas o trigo recolhei-o no meu celeiro" (ver Mateus 13:24 a 30).

Emmanuel disse também na mesma questão (410) que "a verdade deve sempre surgir no instante oportuno...".

Disse ainda (410), "faz-se imprescindível fugir deles.

Tenhamos uma inesgotável paciência, algo que o inescrupuloso não tem, vigiemos, trabalhemos bem certos e não nos assustemos com o fato de que o Alto poderá servir-se de nós para desmascarar quem só esteve interessado na própria promoção, à custa da dor alheia. Porque a luz dissipa as trevas.

Precisamos é de Deus e esta verdade está escrita em nós mesmos, no bom senso, na lógica, na obra d'Ele.

A humanidade já foi um alvo mais fácil de ser atingido. Se chegamos até aqui é porque tivemos proteção.

A sabedoria de Deus "não poderia escrever e guarnecer a sua lei em melhor local do que na nossa consciência".

Ciência, filosofia e religião, estas são colaboradoras entre si para que a verdade reluza no âmago de nosso ser.

"Mas eu vos mostrarei a quem haveis de temer", disse também Jesus (Lucas 12:5).

Os Animais

Conforme O Livro dos Espíritos os animais têm espírito que sobrevivem após o falecimento. Na questão 595 (FEB) Allan Kardec pergunta se "os animais gozam do livre-arbítrio..." e os Espíritos respondem, dentre outras coisas, que "os animais não são simples máquinas, como supondes...".

Emmanuel, em O Consolador, 136 (FEB), diz que "os animais e os homens quase selvagens nos dão uma ideia dos seres que agem no planeta sob determinação absoluta. E essas criaturas servem para estabelecer a realidade triste da mentalidade do mundo, ainda distante da fórmula do amor...". Tudo indica que Emmanuel se referiu também aos animais, pelo menos a alguns.

Os que exterminam impiedosamente outros.

Convenhamos que há de se argumentar que os predadores fazem isto devido ao instinto de conservação. Porém não seria isto um vício, tal como se percebe no homem quando este alimenta de carne?

Emmanuel, no mesmo livro, 129, diz que ao homem "é um erro de enormes consequências" comer carne. Não seria errado também para os animais comerem carne?

Não obstante não nos parece condizente com a infinita bondade de Deus, que tal erro esteja relacionado com o morticínio que o homem aplica aos nossos irmãos irracionais?

Não estariam certos animais incursos no mesmo erro quando impiedosamente exterminam outros, inclusive homens, para alimentação?

Que há algo de errado nisto é evidente, pois Deus não quer a dor.

Na questão 602 de O Livro dos Espíritos eles respondem que "não há expiação para eles" (os animais). Porém por que alguns sofrem horrores como os cães vira-latas abandonados e esqueléticos que algumas vezes vemos nas ruas, sem falar nos maus tratos e doenças?

Na questão 599 de O Livro dos Espíritos percebe-se que Kardec cogitou se o espírito de um animal pode escolher a espécie de animal em que vai encarnar. O Benfeitor respondeu que não.

Mas seria possível o espírito de um leão reencarnar como um cão vira-lata sarnento, sendo esta determinação feita por Deus?

Eu perguntei ao Espírito Augusto Silva se os animais têm carma, eis a resposta:

"Sim, mas pouca coisa têm que acertar com a Lei, porque neles predomina mais o instinto do que o arbítrio.

Apesar de repudiarem a morte como os homens, eles a enfrentam com o heroísmo, a resignação, a força e a coragem que o Alto lhes concede e, diferente do homem que no desespero e precipitação aumenta o horror do passamento, os animais têm fé, os homens às vezes hesitam".

Se animais agem com vontade determinada (LE – 593), por que não serem estes responsáveis por essas ações?

Se o são serão punidos pelas Leis da vida e muitas vezes é o homem o instrumento da dor que aflige os nossos irmãos irracionais, os quais não são tão irracionais assim.

Punidos ou recompensados, os animais também evoluem e não há evolução sem merecimento.

Os Animais II

Emmanuel e Chico Xavier disseram (O Consolador, 136, FEB) que "os animais e os homens quase selvagens nos dão uma ideia dos seres que agem no planeta sob determinação absoluta".

O capítulo do item 136 trata, dentre outras coisas, do determinismo do bem e do mal. Grande obra!

Sendo assim os homens quase selvagens responderão a Deus por seus atos?

E os animais?

Allan Kardec perguntou aos Espíritos (LE 593) se "podemos dizer que os animais só agem por instinto". Resposta: "... é bem verdade que o instinto domina a maioria dos animais. Mas não vês que muitos agem com vontade determinada? É que têm inteligência, embora limitada".

Pois bem, eu perguntei ao Espírito Augusto Silva se os animais têm carma e ele me disse que "sim, mas muito pouco têm que expiar", perante a justiça Divina.

Kardec perguntou também aos Espíritos (LE 602) se "os animais progridem, como o homem, por ato da própria vontade, ou pela força das coisas". Eis a resposta: "Pela força das coisas, razão por que não há expiação para eles".

Não há expiação?

Mas o que seria um cãozinho que sofre um atropelamento, fica mutilado e ainda permanece nas ruas à procura de restos de alimentos nas lixeiras fétidas.

Há seres humanos que repudiam tal fato. E Deus não é pior que nós.

Ora se os animais têm vontade e não são simples máquinas, como disseram os Espíritos, só podem ter livre arbítrio, mesmo sendo rudimentar. Não há explicação mais consoladora, quanto ao assunto, do que entendermos que um cão sarnento, abandonado e que lentamente é devorado por uma sucuri, seja a encarnação de um espírito que esteve encarnado em outra espécie (vide LE 599) e que tenha matado com suas presas uma criança indefesa.

Os Espíritos disseram (599) que "... a alma dos animais não tem o livre-arbítrio".

Mas Espíritos disseram antes, como citei, que os animais "agem com vontade determinada".

Silveira Bueno definiu livre-arbítrio (Minidicionário da Língua Portuguesa – FTD) como sendo "(Filos.) Liberdade que o homem tem para agir conforme a própria vontade...".

Nós espíritas sabemos que quando acontece o fenômeno da psicografia podem acontecer falsos registros.

Por isso estou convicto que a alma dos animais não tem o livre-arbítrio enquanto permanece sob o determinismo absoluto. Assim como certos homens.

Porque se verificarmos na questão 602 de O Livro dos Espíritos, eles disseram que os animais progridem "pela força das coisas...", mas não é só assim. Porque os animais apresentam passividade ao serem educados pelo homem e este o faz também a animais que têm "o DNA" da ferocidade, como os leões e tigres.

Por isso acreditar que os animais que sofrem horrores, sofrem por causa da lei do retorno, é sensatez.

Ainda mais se entendermos que os animais evoluem e, mais ainda, que Deus na sua infinita bondade e justiça não geraria filhos seus privilegiados, como é o caso da alma humana em comparação com os animais que conhecemos.

Nós não faríamos isto e Deus, quem é muito, muito melhor que nós, também não.

O Espiritismo sustenta com todas as letras que "fé inabalável é somente a que pode encarar a razão face a face, em todas as épocas da humanidade" (Allan Kardec).

Por isso amemos nossos irmãos irracionais, que não são tão irracionais assim, porque somos seus tutores perante Deus.

E se eles sabem amar, compreenderam o sentido da vida, sentido este que falta muitas vezes aos seres humanos, quando estes colocam o egoísmo, o orgulho e a vaidade à frente das relações.

Estou convicto que os animais, assim como os homens, têm carma. Pensar que não é distanciar das evidências.

A ciência, a religião e a filosofia nos ensinam que buscar a verdade (vide Evangelho Jo 8:32), é partir do conhecido para se chegar ao desconhecido.

E se temos a certeza da perfeição absoluta da bondade e da inteligência de Deus, ele não vai nos punir se pensarmos e sustentarmos que os animais tem poder de decisão.

O homem não é uma espécie carnívora e nenhuma outra é, porque Deus não criou um mundo onde os seres pra viverem necessitam se devorar uns aos outros.

Algum desequilíbrio houve na natureza ao longo de milhares de anos para que homens e animais ingiram carne.

E ao percebermos tantos problemas que assolam a humanidade e os animais, entendemos que só um fator de ordem moral pode propiciar a dor, como vemos tão presente na vida de todos.

Os Animais III

Eu fiz a seguinte pergunta ao Espírito Augusto Silva:

_ Dr. Augusto, se a gente vir um gato pronto para dar um pulo para pegar um passarinho, se a gente tocar o passarinho fazemos o bem ou o mal?

O querido Amigo, hoje 5 de fevereiro de 2023, às 15 horas e vinte minutos me ditou a seguinte mensagem:

"Salvar a vida é obrigação de todos. Se você salvar, tocar o passarinho você estará salvando o pássaro, não obstante não estará matando o gato".

Então contei o fato para duas pessoas, a primeira só me disse que concorda. À segunda eu fiz a mesma pergunta dirigida a Dr. Augusto e ela me respondeu que o certo é deixar o gato pegar o passarinho, porque senão estaremos interferindo nas leis da vida.

Que leis?

As leis da vida estão escritas em nossas consciências. Mas não são só as leis da vida, há outras coisas que se escreve também na consciência, só que não foi Deus quem fez isto. Foi o próprio homem que muitas e muitas vezes foi a favor da lei do mais forte. Do mais rico, do mais "inteligente", do mais famoso.

Eu sempre achei que tocar o passarinho era o certo a fazer.

O gato como nós está em processo de evolução e ele não está consciente de que também como os seres humanos, necessita mudar de hábitos.

Nós não só somos velhos de Terra como somos velhos de mundo e em algum lugar deste passado que nos perde de vista adquirimos vícios que nos escravizaram até que Jesus Cristo viesse neste plano. Um destes foi se alimentar de carne.

Alimentar-se de carne é vício milenar. Talvez mais?

Sei é que Deus não vai nos punir por comer carne, e sim se abusarmos da matança.

Porém desde que o homem enxergue as vantagens de não comer carne e viva bem e em paz sem comer carne, por que comer?

Vivo há dezessete anos sem comer carne e tenho ojeriza por cheiro de churrasco.

Eu no colégio fiz a seguinte pergunta, talvez ingênua, a uma Professora, que teve boa vontade em me responder:

_ Professora, como o homem descobriu que fazendo uso do fogo a carne ficava melhor de se comer?

Ela:

_ Pode ser que algum raio tenha caído em amimais e os caçadores (também os predadores) tenham experimentado comer.

Aí as leis que verdadeiramente foram escritas pela Divindade em nossa consciência disseram aos caçadores: não coma, mas sim a maça.

Porque "naquela época" o homem não tinha muito discernimento, agia mais por determinismo do que por livre-arbítrio.

Jesus Cristo disse que o homem que peca é escravo do pecado.

Hoje nós vemos como é difícil pra muita gente, consciente que é melhor em vários aspectos não comer carne, não comer.

Conversando com um ex-colega de trabalho referente ao hábito de comer ou não carne, ele refletiu e disse:

_ Pensando bem é estranho que um ser pra viver outro tenha que morrer...

Estranho e errado. Mas não é pecado. Pecado será quando o homem aprender a viver bem sem comer carne e comer.

Pecado é abuso e maldade, o resto é caridade.

22/05/2021

Convicções Religiosas

Há gente que diz que não acredita em reencarnação. É um direito líquido e certo perante a lei. Respeitamos.

Porém se existe reencarnação a não aceitação deste dogma está sendo empecilho para entender muitas outras coisas, que se nos apresenta cotidianamente. Coisas que é bom saber, se pretende-se construir a "própria casa sobre a rocha mais sólida".

Todavia.

1 – Por que nascem crianças fortes e saudáveis e outras aleijadas e doentes?

2 – Por que nascem crianças odiadas desde o ventre por seus pais e outras, mesmo portadoras de grave deficiência física e mental, são aceitas e amadas pelos genitores?

3 – Por que algumas nascem em berço de ouro e outras na extrema miséria?

4 – Por que há aquelas com tenra idade que já demonstram grande aptidão para a música e outras artes, coisas que adultos não fazem?

5 – Por que há meninos e meninas felizes e outras não tiveram "a sorte" de terem pais exemplares que os conduzissem no caminho da honestidade?

6 – Por que há seres humanos que durante toda a existência não encontram maneira de reverter os quadros anteriores e só lhes resta a resignação?

Porque Deus é justo e solícito, atendeu aos pedidos dos espíritos dessas crianças para renascerem em meio a problemas diversos, para aprenderem a valorizar o trabalho, a família, o semelhante, Deus.

As desigualdades sociais são o grande indício e, para quem quer ver, prova da existência da reencarnação.

Não obstante veja-se o que diz "A Lei":

"Na verdade, na verdade te digo, que não pode ver o reino de Deus, senão aquele que nascer de novo" (ver João 3:3).

A reencarnação no coração de um bom espírita é na certa um tesouro que o faz conceber a vida com satisfação, com paz e admiração a seu Autor. Ou seja, eis o homem concebendo plenamente a vida na Lei e na Justiça. Deste modo o Espiritismo Cristão, entendido na íntegra, caso fosse apenas uma suposição, seria uma suposição muito mais preferível à ideia que se faz de céu e inferno, benção e milagre, Deus e Diabo e tudo que se tem por verdade em religiões que não admitem a pluralidade das existências.

Poderia uma suposição ser mais humana que a realidade?

Argumentar-se-ia que mesmo os outros homens e mulheres de outras religiões não conhecem toda a realidade concernente ao natural e ao sobrenatural. Sim até aí tudo bem.

Mas o que falta, ou desabona a Doutrina Espírita, à luz do Evangelho de Jesus, para que esta se auto proclame o Consolador Prometido?

Uma teoria só é verdadeira se a prática a confirmar.

Claro só há um Deus. Só há uma realidade.

É preciso conhecer e vivenciar o Evangelho. A única proposta coerente e lógica que o homem tem para lidar com as provações da vida.

O fato é que há espíritos e espíritas de escol, legítimos cristãos, que venceram, superaram difíceis problemas e são – porque vivem – testemunhos valiosos que o mundo tem.

Eles não venceriam o mundo na mentira.

Provavelmente sucumbiriam no primeiro combate, diante das convicções religiosas, caso não fossem estas adequadas para tal enfrentamento. Objetar-se-ia, foi Deus!

Sim, foi o justo Deus.

É só valorizarmos mais a experiência de quem a tem, ou teve, os escolhidos segundo Jesus, para vermos a presença d'Ele entre nós.

Ser espírita é mérito, ser cristão é "privilégio".

Religados

Moisés, o legislador hebreu, no uso da mais notória inspiração, proibiu seu povo de se comunicar com os mortos, acertadamente o guerreiro e maior vulto do Antigo Testamento fez isto, porque as pessoas, ignorantes dos fundamentos do Evangelho ainda, não estavam preparadas para o intercâmbio entre os planos.

Porém Jesus, descendente de Davi, antes pela linha direta da representação Divina na face da Terra, por vezes intercambiou com espíritos, ora com a mais pura fonte de luz e saber, ora com as forças tenebrosas da sombra.

Então a nós espíritas cabe o direito e a honra de dizer que o maior líder de todos os tempos era um autêntico espírita.

Ensinou o bem.

Pregou o que a moral espírita prega na íntegra: a cura, o alívio, a boa conduta, o alento, a amizade, a caridade, o amor. A evolução.

Religiosamente.

O Cristo foi um instrumento do Criador para a fabricação da paz nos corações dos homens.

Ele já melhorou e está melhorando a humanidade.

Compete a nós espíritas seguir-lhe os passos e fazer do Espiritismo uma força indissolúvel de bem-estar para nós e para tantos que procuram a Doutrina, em busca de uma vida melhor.

Criar, produzir, boas obras são sempre o comprovante que se necessita para justificar ao mundo que estamos com a razão, que nossas convicções são honestas, que estamos com Deus.

Caridade.

O Mestre Jesus quando mencionou a vida em maior abundância, Ele significativamente poderia substituir todos estes termos pela palavra caridade. Porque são a mesma coisa.

A Doutrina Espírita vivenciada na sua originalidade e pureza é vida em abundância, é caridade.

Logo este abrigo de luz não pode prescindir de sua base religiosa.

É através da religião que se edifica o moral do homem.

E o que seria do Espiritismo se não fosse edificado no exemplo do bem e da caridade para com todos?

O intercâmbio com os mortos já foi providência em prol da guerra.

A esmola já foi dada para que o indigente mal cheiroso saísse de perto.

À mediunidade já se pediu o assassínio.

A distância de Jesus à treva é a mesma entre Espiritismo e Espiritismo sem religião.

Religião é o colo de Deus e sem este afeto a Doutrina não passa de aparato de contenda e de disputa, de degrau para interesses escusos.

O homem pra viver em harmonia com as Leis Naturais necessita também do sentimento.

Necessita viver o Evangelho. E se o Espiritismo não puder promover e facilitar isto ao homem, para nada mais servirá no mundo.

Brasil, O Melhor País Do Mundo

Somos mais de 200 milhões de habitantes, o Brasil tem cerca de 15 milhões de desempregados, ou seja, representa 7,5 por cento da população aproximadamente. São os 7,5 por cento menos favorecidos da sociedade.

Se os 7,5 por cento da população mais favorecidos adotarem, cada um, uma pessoa dos 7,5 por cento da população menos favorecidos, nós resolvemos o problema da falta de renda no Brasil.

Se você faz parte dos 7,5 por cento mais favorecidos da população e pode adotar uma única pessoa desempregada, pense nisto.

E se você se enquadra no percentual da população que está empregado e não é um dos 7,5 por cento da população mais favorecidos, você pode ser um compensador dos que se omitirem, doando quanto puder ao desempregado.

Se ninguém é tão pobre que não possa ajudar o semelhante com alguma coisa, são 85 por cento da população que podem fazer pelo menos um pouco.

Não é necessário criar grandes instituições para salvar crianças pobres, indigentes e desempregados, é necessário antes de tudo a conscientização que se cada um fizer a sua parte – a união faz a força – o Brasil cresce, o mundo cresce.

Por isso adote o seu desempregado, ele com uma renda garantida terá motivação para trabalhar e produzir, o PIB cresce, o Brasil enriquece e mostra a todos porque é o coração do mundo, a pátria do Evangelho.

Se você já faz a sua parte receba nossas congratulações e que Deus o abençoe.

O Altar

Nesta semana eu fiz uma pergunta aos membros do Grupo Espiritismo sendo, "não seria conveniente ao espírita ter um altar, ou um nicho para suas preces".

Meu objetivo era fomentar um debate saudável onde eu e todos tirássemos o melhor proveito na constante estruturação de nosso ser.

O tema é polêmico. Há pessoas que aprovam o uso de altar e outras afirmam que é desnecessário.

Todavia com todo respeito e admiração que tenho por alguns espíritas consagrados, eu almejei encontrar a resposta plenamente consonante ao único parâmetro verdadeiro, capaz de direcionar nossas vidas ao certo e à felicidade: a Lei de Deus.

Sei que a resposta correta existe.

Pensei no assunto considerando que há pessoas que fazem uso de altares e, ainda, porque tal uso foi uma recomendação do Espírito Augusto Silva a uma Senhora amiga nossa de comportamento ilibado.

Isaac Newton disse que "o que sabemos é uma gota, o que ignoramos é um oceano".

O Espírito Sélem foi mais longe, "vocês não sabem de nada".

Prova disto é que ninguém é feliz.

Ficaria honrado se o prezado, ou prezada leitora continuasse lendo meu texto, pois o meu objetivo ainda é o de ajudar, pois sou médium e conheço a índole dos Espíritos que trabalham comigo.

Se me permite.

O espírita que busca o Centro Espírita não estaria motivado pelo mesmo sentimento e necessidade de quem busca um altar?

Alegar-se-ia ao Centro Espírita espera-se pela palestra esclarecedora.

Mas há quem procura um altar na esperança também de obter respostas – através da intuição – algo que é plenamente possível, no momento ou depois, visto que na imagem do próprio Cristo PODE estar incorporado o Senhor de eterno amor e consideração pela humanidade. Ou minto?

Não há telepatia?

Espíritos não atravessam paredes?! Ocupar o mesmo lugar de uma imagem, ou um crucifixo é bem fácil para eles, quando há a permissão de Deus.

Allan Kardec recomenda ao médium o recolhimento (LM) e ainda escreveu que (um talismã) "auxilia a conduzir o pensamento" (LE – 554).

Um crucifixo está longe de ser um talismã.

O curioso é que dentre as pessoas que disseram ser desnecessário um altar, há quem se diz espírita e que escarneceram de um assunto que elas, como nós entendemos pouco: religião.

Eu não confio na virtude de um talismã, confio na lealdade daqueles para os quais eu construí o meu altar.

Teria um local mais apropriado do que um altar para se oferecer um buquê de rosas a um espírito de luz, como forma de agradecimento.

Se disciplina é regra básica ao mandato mediúnico, a prece sem recolhimento pode ser prejudicial.

Pois o que é santo deve ser tratado santamente.

Eu não valorizo um crucifixo mais do que merece. Valorizo o Cristo eterno e vencedor do mundo.

Valorizo as expressões do amor e do carinho que se deve ter para com quem, por misericórdia de todos nós, pôs no mundo O Consolador Prometido.

Para que edificássemos o altar da benevolência.

Jesus poderia ter desprezado a humanidade, mas não, insiste.

O Mestre por várias vezes frequentou os templos. Fez do Bosque da Oliveiras o mais famoso altar. Um retiro, um recolhimento, porque Ele sabia que conversar com Deus é coisa tão séria, que espíritos maus magneticamente impedem que suas vítimas se aproximem da prece, difamam a religião e disseminam a discriminação para com as coisas simples de Deus e com o nome do Mestre.

Orai e vigiai, mas façam isto direito. Há gente que não consegue orar e atribui isto à ineficácia da prece: obsediados.

Eu já vi uma pessoa bater com o braço em um crucifixo sobre uma mesa de vidro influenciada por um espírito mau, este com o intuito de me dar um só recado: dentro desta casa nós (o espírito e seus comparsas) não queremos a presença de Deus.

A cruz de Jesus os incomoda.

Símbolo consagrado.

Espíritos superiores a usam na doutrinação de outros.

Há, ou não um forte magnetismo pairando sobre tal forma?

Levantar um altar para Deus não é ser materialista, é caridade.

Independentemente quem seja que instituiu o crucifixo ao Cristianismo, agiu sob determinação do Alto. Ou há alguma dúvida?

Um Espírito de Luz, no princípio de meu mediunato também me disse: "Use (o crucifixo) é bom ter".

"Mas tu quando orares, entra no teu aposento, e fechada a porta, ora a teu Pai em secreto; e teu Pai, que vê o que se passa em secreto, te dará a paga", disse Jesus Cristo (Mateus 6:6).

Jesus só não disse de frente a um crucifixo, porque Ele ainda não tinha vencido o mundo. Mas o mundo, nós todos sabemos que Ele venceu.

4º Mandamento

"Não farás para ti imagem de escultura, nem figura alguma de tudo o que há em cima no céu, e do que há em baixo na terra, nem de cousa que haja nas águas debaixo da terra" (Êxodo 20:4).

Ou seja, se for assim não se pode fazer escultura e nem figura.

A Bíblia é uma grande plantação de trigo cheia de joio.

Se tal mandamento fosse uma lei de Deus falasse isto para André Luiz e Chico Xavier antes de escreverem o livro Nosso Lar.

A narrativa do preclaro Mentor aguçou nossa imaginação. Tanto que virou filme.

O homem entrevendo as maravilhas do Céu não estaria concebendo e apto a projetar uma Terra com mais comodidade para todos?

O que Deus nos permite saber devemos desdenhar? O ensino de Jesus nos mostra que não (ver João 8:32).

Depreende-se do ensino de Chico que o sacerdócio deturpou a Palavra de Deus (ver O Consolador – 268).

Porém o Espiritismo além de religião é filosofia e ciência que fazem o homem pensar com coerência, assim ele compreende melhor o bem e a verdade, e tendo a Lei de Deus escrita em sua consciência, ressuscita a originalidade dos textos sagrados, sem que absolutamente haja qualquer motivo para apreensão.

O que não isenta o homem de orar e vigiar diante dos perigos e interesses do mundo, que não tem por Deus e suas coisas o mínimo de respeito.

Quem ama sabe que todos os esforços em prol da vida têm justificativas.

Disse o Espírito Sélem que "o amor erra, mas tem a misericórdia de Deus mais facilmente".

Mesmo assim se a minha interpretação de tal artigo da Lei estiver errada, Deus um dia irá me perdoar, pois meu interesse é no bem que esforço pra fazer, é conhecer a verdade junto com outros irmãos que raciocinam comigo. A verdade é que pensando assim estou em paz e posso dizer que religião, ciência e filosofia juntas são bênçãos de Deus contra toda e qualquer mentira e inverdade, venha de onde vier.

A questão 648 de O Livro dos Espíritos nos mostra que as dez leis de Moisés não têm qualquer coisa de absoluta.

Mas, como seriam as Leis de Deus absolutas? Porque elas existem. De maneira tal que escritas na pedra, ou no papel sejam sempre lembradas.

Estão em nossa consciência, ou em nossa subconsciência?

Por que o homem não a pratica?

A misericórdia e a compreensão de Deus não exige de nós mais do que podemos oferecer e se não sabemos como praticar a Lei com perfeição, podemos oferecer-Lhe "a oferenda da boa vontade", através de um dia-a-dia de esforço na nossa melhora como espíritos, como irmãos.

Sélem escreveu também que "se as leis dos homens fossem perfeitas haveria no mundo menos fora-da-lei.

Não estariam os legisladores atuais em busca dessa perfeição? Não estariam eles em busca da Arca Perdida?

Jesus Cristo, bendito seja o seu nome quando mostrou ao mundo o código do amor. Porque o Senhor deixou claro que a razão sem sentimento não é razão.

Que Espiritismo sem prática só faz do homem um bibelô. Uma escultura inanimada e sem vida.

Vida em abundância é o que há em cima no Céu.

Pai, seja feita a vossa vontade assim na Terra como no Céu.

3ª Idade

"Todo aquele, pois, que ouve estas minhas palavras, e as observa, será comparado ao homem sábio, que edificou a sua casa sobre a rocha. E veio a chuva, e trasbordaram os rios, e assopraram os ventos, e combateram aquela casa, e ela não caiu", palavras de Jesus Cristo (em Mateus 7:24 a 25).

Importante é que se o homem for realmente sábio à luz da Boa Nova, ele irá combater o egoísmo, cultivará o sentimento e ensinará o mesmo a sua prole.

Não dará o peixe, mas ensinará a pescar.

Da minha cidade tenho conhecimento de grandes empresários do passado, para os padrões da época, que eram motivos de orgulho a todos, porém por motivos a nós desconhecidos seus empreendimentos se esvaíram tão logo desencarnaram.

Filhos desinteressados e desunidos, enfraquecidos diante da oportunidade que Deus lhes concedeu de fazerem, quem sabe, um império com a fortuna que os pais criaram, muitas vezes do nada. Salvo raras e sábias exceções.

Culpa dos pais?

A resposta está no íntimo do espírito de cada um de nós, que nos conhecemos ao ponto de perguntar: fazemos a nossa parte?

Viemos ao mundo para acrescentar e, diante da experiência que herdamos dos nossos antecessores em chão terrestre, aperfeiçoarmos o mundo.

É necessário então valorizarmos a experiência.

Sendo assim, é necessário valorizar o velho.

Porque nem tudo se aprende na escola. E nem é dever dela.

A velhice é uma provação sim para todos, para os velhos e para os que convivem com eles, no Brasil e em qualquer parte do mundo.

Para o velho porque a decrepitude vai consumir sua força, sua disposição, sua beleza.

Para os mais novos porque perante os velhos a renúncia nos convida a pensar, se estamos dispostos a deixar de lado a viagem, a noite de sono, o cônjuge para cuidar dos idosos.

Será uma provação para o idoso no sentido de se julgar capaz de, mesmo no leito, ensinar aos demais tudo aquilo que ele gostaria que os homens de bem lhe ensinassem, caso fosse ele um jovem que não sabe nada ainda da vida, face ao orgulho e o egoísmo de outros homens.

A velhice pode ser tempo de aprender e ensinar.

Esta é provação a que todos os encarnados se submeteram. O verdadeiro cristão tira de letra. Para o ateu é pânico silencioso, é expiação.

Alguém de quem tivemos notícia disse certa vez que o castigo da mocidade é a velhice.

Como pode ser uma recompensa, de uma vida regrada e dedicada ao bem. Ao ver os frutos que plantou amadurecerem na bendita Seara, para a qual fomos convocados antes de reencarnamos.

O dever cumprido.

A recompensa vindoura e o bem sido feito.

A pele manchada e as rugas serão lembranças de um tempo de luta e vitória.

Achará belo o envelhecer.

Conforme disseram os Espíritos a Allan Kardec (LE – 941), "a morte não inspira ao justo nenhum temor, porque, com a fé, ele tem a certeza do futuro; a esperança o faz esperar por uma vida melhor; e a caridade, a cuja lei obedece, lhe dá a segurança de que não encontrará, no mundo em que terá de ir, nenhum ser cujo olhar ele deva temer".

Futuro este que já chegou.

Emmanuel escreveu que ele, Emmanuel, é um pregador de cartazes convidando para a festa do Reino.

O Reino que Jesus anunciou.

Vivenciar o Espiritismo é ser feliz.

70, 80, 90, 100 anos, não importam quando se tem a certeza que a beleza, a mobilidade, a destreza que os anos subtraíram serão restituídos ao homem e mulher de bem, ao espírito de bem.

Mil vezes mais.

O espírito percorre o espaço com a velocidade do pensamento. A suma beleza de que desfrutam Espíritos de Luz é coisa do céu, não recomendada à Terra ainda nos processos reencarnatórios, visto que a inveja na certa lhe traria a destruição.

Por isso irmãos, qual seria o interesse de Deus, na sua infinita bondade, na decadência de seus filhos encarnados? A beleza, a força, o raciocínio sendo destruídos pelos anos?!

Se vocês pai e mãe na Terra pudessem dar aos seus filhos o elixir da eterna juventude, não dariam?

Por que Deus faria pior.

Paz Na Terra

Jesus disse que ninguém vai ao Pai senão por ele. Ou seja, ninguém atinge a perfeição sem considerar seus ensinos.

Os próprios Espíritos disseram a Kardec que Jesus é o tipo mais perfeito que Deus já ofereceu ao homem para lhe servir de guia e modelo.

Logo tal ensino de Jesus pode, e eu creio, ser uma verdade.

Assim sendo Espiritismo sem Jesus não é edificação construída sobre a rocha.

Não é personalidade edificada na verdade, na acepção quase sobrenatural desta palavra.

O que é a verdade?

Tal pergunta foi feita ao Mestre pelo temível ditador. Algo que Ele sabendo defini-la categoricamente, não a respondeu, naquela época, porque as pessoas, provavelmente nós, não iam entender, assustavam.

Se o Cristo é o modelo suas ações merecem de todos nós minuciosas atenções. O que fez e deixou de fazer.

Não respondendo aquela pergunta prorrogou ao longo do tempo, a todos, a responsabilidade de responderem-na.

Os homens a têm conseguido?

Cientistas, religiosos, filósofos.

Mas estes procuram a verdade movidos por um sentimento também indefinido, talvez fé, na convicção que ela existe, é única e absoluta, que é simplesmente perfeita.

A razão nos diz que Deus é perfeito, que suas leis são eternas e imutáveis, logo também são perfeitas. Feitas para todos os mundos, inclusive a Terra onde seus habitantes demonstram muitas vezes notório atraso moral, ainda hoje distantes da fórmula do amor e da fraternidade.

Um Deus perfeito com suas leis perfeitas para um mundo imperfeito?

O Espírito Sélem afirma peremptoriamente que o mundo é perfeito.

Por falta de oportunidade não me jogaram pedra quando afirmei isto em uma sociedade espírita.

A verdade é que se o mundo denotasse qualquer mácula de imperfeição os erros, desajustes, infrações e crimes praticados pelos homens teriam atenuantes. A natureza não demonstraria sua majestade ao toque da contemplação.

E nós espíritas, principalmente médiuns, podemos perceber que o destino do ímpio inveterado no erro é grande sofrimento, mesmo que a misericórdia infinita do Criador seja a principal diferença entre Ele e nós. Seres humanos que muitas vezes se julgam os donos da verdade.

Sim o mundo é perfeito e a verdade é absoluta, senão Deus seria um ser instável, e se ele pensou em tudo antes de cria-lo tão maravilhosamente por que mudar.

Deus não cessa de criar, disseram os Espíritos. Porque o que Ele faz é agrado aos Seus próprios olhos.

O homem encontra na natureza tudo que precisa. Material e espiritualmente dizendo.

Que se observe a precisão das leis físicas. Que se entenda a necessidade das leis morais, onde o Autor de ambas é o mesmo.

Não tem o homem no progresso tecnológico vestígio da evolução possível, mesmo num mundo onde a perfeição e a verdade costumam assombrar?

Se Deus está no comando como dizem, o mundo não passa de uma construção, onde as ferramentas e máquinas para tal mister já existem. Um mundo povoado por excelentes mestres-de-obras, os Espíritos Superiores, arregimentando trabalhadores através de cursos de capacitação, para concluírem mais um ciclo: a criação, a evolução, a glória.

Evoluiríamos sem as condições necessárias para isto? Jesus em sã consciência não faria qualquer menção à perfeição se o evoluir das almas não fosse uma possibilidade.

Se o mundo fosse imperfeito por obra de Deus verificaríamos em seu Autor alguma deficiência. A árvore não seria tão bela, visto que seu fruto seria mais ou menos indigesto.

Dizem que só se revela o que é verdadeiro.

O Espiritismo não nos é um refeitório de luz?

Quem convive com Espíritos de Luz conhece os dois lados da moeda com a qual pagamos pra ver se nossa teoria, ou o que afirmamos ser verdade se ajusta no meio que se vive.

Uns ajudando, outros se opondo, mas vencendo quem prega a verdade. Sempre foi assim.

Eu de minha parte revelo o que aprendi com Sélem, e não é de mim mesmo.

Por ela eu ponho minha mão no fogo.

Mesmo que a Terra às vezes pareça o próprio inferno, é um inferno merecido, uma prova a mais de que o mundo é mesmo perfeito.

Pior seria se não fosse assim.

16/06/2021

O Paraíso

Há um teorema que diz que dois corpos não podem ocupar ao mesmo tempo o mesmo lugar.

Nós espíritas sabemos que um espírito desencarnado mesmo sendo da faixa evolutiva dos encarnados pode atravessar um corpo sólido. O espírito e seu perispírito.

E como disseram os Espíritos a Allan Kardec (LE-82), o espírito há de ser alguma coisa.

Um professor de química me disse certa vez que entre o elétron e o núcleo do átomo está o vácuo absoluto. Assim para nós espíritas tal afirmação cai por terra, visto que entre o elétron e o núcleo pode estar ele, o espírito, ocupando o mesmo espaço de um objeto, ou corpo que contém este átomo.

Allan Kardec escreveu (LM – 54) que "o perispírito não deixa de ser matéria". Não deixa de ser um corpo.

Neste entrelaçamento pode se entender que as intermitências das partículas subatômicas ("o vácuo") do objeto, sejam ocupadas pelas partículas que integram o corpo perispiritual, na harmonia que Deus governa.

Esta é só minha humilde tese.

Mas não existe outra.

O perispírito é matéria quintessenciada, mas é matéria e nós médiuns, por ocasião da incorporação, mais ainda dos espíritos menos elevados, sentimos "os corpos deles" se ajustarem nos nossos, às vezes, com alguma elasticidade.

Deduz-se então que dois corpos podem ocupar ao mesmo tempo o mesmo lugar.

E sentimos que tais espíritos menos elevados querem se desfazer de algum incômodo.

Tal como nós encarnados preferimos o Céu à Terra.

Allan Kardec disse também (LM – 54) que "a alma jamais está separada de seu perispírito", mas prenunciou, "para o momento, e para não antecipar sobre os fatos que iremos relatar".

O Codificador perguntou aos Espíritos (LE – 188) se "os espíritos puros habitam mundos especiais...", os Amigos Espirituais se limitaram a dizer que eles "habitam certos mundos", nem sim, nem não, mas "não estão confinados a eles (os mundos)".

Por que os Espíritos não disseram sim, ou não, quanto aos mundos especiais?

Se estes mundos especiais existem haveria necessidade de se viver com um perispírito? Entendendo que o espírito encarnado, no caso da Terra, não permanece de bom grado em seu envoltório grosseiro, o corpo físico (LE – 154).

O espírito permanece de bom grado no seu envoltório semimaterial, o perispírito?

Tal pergunta eu fiz ao Espírito Sélem, hoje às 16:30h, quem solicitamente me disse "não". E acrescentou, "pode fazê-lo (o texto). E ainda pôr o meu nome (subscrevê-lo)".

Quanto mais livre melhor.

Nada que impeça o Espírito perfeito de se revestir de um períspirito para ir a outro mundo numa eventual necessidade. Para agir sobre a matéria.

Quem sabe em tour.

Espíritos perfeitos vivenciam o amor na sua plenitude, "respiram amor", as suas únicas necessidades são o amor.

O que no nosso plano físico muitas vezes é trocado por vários motivos.

União

Emmanuel já dizia que no ensino dado pelo Mestre Jesus há uma luz oculta. E se pudermos contemplar esta maravilha poderemos fazer da religião algo muito além do que uma celebração dominical.

Conforme a Doutrina Espírita Deus é a inteligência suprema, causa primária de todas as coisas, sempre existiu e sempre existirá, na perfeição que motiva o Senhor a não cessar de criar.

Seu amor e bondade, seu conhecimento e sabedoria, seu poder e testemunho de tudo transcende nossa compreensão de meros necessitados de intercessão do Mais Alto, para resolver os problemas do dia-a-dia, grandes às vezes para nós, mas quase insignificantes para a onipotência do Criador de todos.

Inclusive de Jesus Cristo quem, pelas façanhas que realizou há 2000 anos, através da mais perfeita e sublime mediunidade que já existiu, é confundido com o Autor da vida.

E para fomentar a inquirição entre os homens de fé – e os de gênio – Jesus proclamou:

_ Eu e o Pai somos uma mesma coisa (João 10:30).

Allan Kardec em forma de pergunta escreveu, "os Espíritos são seres distintos da Divindade, ou seriam apenas emanações ou porções da Divindade e, por isto, chamados filhos de Deus" (em LE 77).

Os preclaros Mentores responderam que "são obra Sua, exatamente como um homem que faz uma máquina é obra do homem, e não o próprio homem".

E de todo o ensino dos Espíritos de Luz depreende-se que ao desencarnarmos nossa individualidade será mantida. Não seremos como que gotas d'água e Deus um oceano se unindo num só todo.

Porém Allan Kardec e os nobres Espíritos não disseram a última palavra em Espiritismo e acreditamos que ainda está longe disto acontecer.

O objetivo da vida é a prática do bem, a finalidade maior da Doutrina dos Espíritos é o melhoramento da humanidade, o seu moral. O sentimento e o intelecto, e para todo progresso real da ciência e da filosofia também, haverá a chancela do Consolador, uma vez que a verdade provém de uma só fonte, Deus.

Fazer o bem...

A verdade é que a semelhança de identidade dos espíritos que aproveitaram as lições da vida e cresceram na hierarquia dos mundos, é grande.

Basta dizer ao prezado leitor, ou leitora que os Espíritos Superiores concordam e admiram o que a vida lhes permitiu saber. E tais lições fizeram deles uma família universal, unidos num só propósito, vivenciar a perfeição adquirida no esforço e no trabalho, na luta e na vitória. Vencedores do mundo.

Chico Xavier relatou (Série Entrevistas – IDE Editora) que Emmanuel lhe disse que ambos estão unidos pelos laços mais santos da vida. Algo isto que confortou muito o insigne médium.

Mas o que são aqueles laços mais santos?

Laços santos presume-se serem indestrutíveis, ou de difícil separação.

Diz o versículo, o que Deus uniu não o separe o homem. Só que os laços que Emmanuel se referiu mesmo o homem se quisesse não teria o poder de desatá-los.

Porque são laços espirituais, união de espírito para espírito, na profundidade da estrutura do ser, que garante a ele fazer parte da sociedade celestial unida em virtude e perfeição.

Era a união de Chico Xavier a Deus, pois Emmanuel está unido literalmente ao Criador pelos mecanismos que a vida oferece.

Podemos entender que o que Deus reuniu o homem consegue separar, mas o que Ele uniu com tais laços, que à interpretação do poeta e do bom religioso recebe o distinto nome de amor, ninguém nem nada consegue desfazer.

Jesus disse que o Reino de Deus é semelhante a um tesouro.

O tesouro mais valioso da vida são os nossos irmãos e amigos verdadeiros, unidos literalmente pelos meios naturais conforme os idealizou Deus quando nos criou.

Se Chico estava ligado a Emmanuel este o estava a Jesus que por sua vez estava a Deus.

Kardec perguntou aos Espíritos Superiores "que definição se pode dar de Espíritos" (LE – 76).

Humildemente eu peço licença aos prepostos de Jesus para complementar a sábia resposta dos Mensageiros. E assim o faço.

Espírito é amor.

É o amor que fazia de Jesus e Deus um só. Unidos pelos laços mais santos da vida.

É o amor que possibilita a relação entre as criaturas sem que uma seja uma ameaça, ou risco à outra; o amor que civiliza.

Uma exigência do Criador, para que o mundo brilhe, brilhe muito de tanta perfeição.

Heroísmo

Por ocasião da última greve dos caminhoneiros o brasileiro, no seu justo e digno discernimento pôde enxergar nos profissionais do transporte a necessidade própria em questão, quando o abastecimento começou a faltar nas prateleiras do supermercado. O país começara a parar.

Profissão bendita.

O homem terrestre talvez sem avaliar a gravidade de uma pandemia fazia Carnavais, Festas Juninas, Natais e Réveillons da sua maneira, com pouco ou muito dinheiro, na comemoração de tudo com todos, mas veio a epidemia global e ele teve nos profissionais da saúde um novo herói, sem considerar a particularidade do indivíduo.

Profissão sagrada.

Num cenário de dor e separações a criminalidade não deu tréguas e faz da caneta, ou da arma de fogo o ganha-pão, no uso da fraude, ou do assalto humilhante, mostrando que o regime de segurança do país não tem tudo sob controle. E afirma-se que graça à polícia nós temos nossa liberdade.

De fato, seria pior sem ela.

Profissão excelsa.

O que seria da sociedade se não fosse o honrado carcereiro que zela pela limpeza das ruas, mantendo sob sua vigilância o que a decência, a civilidade e a honestidade não conquistaram, quando em praça pública, ou nas dependências de um banco lançou-se mão nos pertences alheios com a justificativa de que os lá de Brasília são os verdadeiros ladrões.

Profissão digníssima.

Sem a força do homem do campo as cidades tais como são não existiriam, o homem teria que produzir o seu próprio alimento, a indústria, a metalurgia, a construção civil não emergiriam sem o pão nosso de cada dia, na fartura da zona rural.

Profissão sublime.

A sociedade de quando em vez produziria seus homens de gênio sem as dedicadas lições da alfabetização que tem no professor, por muitos, um ídolo, o símbolo do saber e experiência científica, divulgador do progresso pelas lições e dúvidas que tira do aprendiz na aula e no curso?

Profissão luminosa.

Não há profissões indignas porque todas são úteis.

Levadas a efeito na ordem e na decência todas são preciosidades que podem servir a Deus.

Mas há uma em especial que simplesmente transcende o conceito moderno de profissionalismo e carreira. É na verdade um mandato de amor e renúncia, sem a qual as outras na certa não resplandeceriam no mérito de cada ser.

Dona-de-casa, profissão divina.

Chico Xavier já dizia que há profissões que a mulher pode ocupar no meio social. Porque há as que não lhe convém.

Mas ser uma boa Dona-de-casa não é tarefa pra qualquer uma.

A ela Deus confiou além dos ingratos serviços domésticos a formação do caráter dos filhos, desde a escola do berço. Tendo no sentimento o valor imponderado.

Ela que muitas vezes é pai, conselheira, amiga.

Desconheço se houve na história apenas uma Do lar que recebesse uma medalha de honra ao mérito.

Quantas foram as vezes que acordou no meio da noite por impositivo do coração para nos amamentar, trocar fraldas e banhar. Quantas foram as vezes que fabricou refeições quentinhas para todos da família. Quantas foram as vezes que higienizou a casa para que a família tivesse bem-estar e saúde. De graça.

Quantas foram as vezes que chorou pelos infortúnios que aconteceram em nossas vidas. Qual outro profissional faz isto?

A você comandante dos nossos corações dê-se o valor imediato de uma cidadã imprescindível ao progresso do mundo. Sua polivalência às vezes assume responsabilidades outras para que os seus tutelados sejam felizes.

Por detrás de um bom profissional está um bom ser humano, por detrás de uma Dona-de-casa está quase sempre uma mãe, a embaixadora de Deus na face da Terra.

Há provas a vencer e muitas vezes são acerbas.

Mas a fé é o trunfo que terá para não deixar o lar desmoronar mesmo que "o destino" lhe pregue peças dolorosas tais como a solidão e a indiferença conjugal.

Não me compete pôr palavras na boca do Mestre Jesus, mas ele subscreveria facilmente a que vou lhe dedicar em especial: avante.

Você é sal da terra.

Competiu a você ser o alicerce da família, então a base de uma sociedade organizada.

Ordenamento Divino, a chefia da família muitas vezes é trocada pelas ilusões do mundo, o direito de ser mãe e protetora por vaidades extraconjugais, a dedicação a todos pela posição social ornada algumas vezes por um diploma que não a faz habilidosa cultora da verdade.

Sua fidelidade aos compromissos do lar e da família são méritos que acumula, Senhora do lar, e Deus irá lhe dar a paga se souber vencer as imposições do mundo à criatura de bem.

02/07/2021

Uma Carta

Vê-se muito nos grupos espíritas das redes sociais e mesmo nos Centros Espíritas pessoas desejosas de receberem um comunicado, uma carta como dizem, de algum ente querido que partiu para além das fronteiras da morte.

Às vezes tal desencarne tenha ocorrido em questões de dias.

Compete a nós espíritas toda a paciência, principalmente numa época como esta em que vivemos.

Afirmam que gostariam de receber notícias, saber se estão bem.

Todavia compete-nos também esclarecer que a morte não situa a alma, de imediato, muito menos todas elas à direita de Deus, sentado em seu trono de paz e observação.

A morte é continuação dos dias. Com o mesmo grau de evolução que terminamos nossos dias neste plano, nós adentramos no outro, muitas vezes surpreendidos, face o que esperávamos e com quem encontramos, ao abrir os olhos sem o corpo físico. Após o traspasse.

Se merecemos somos assistidos, ajudados e encaminhados geralmente a hospitais no mundo espiritual e quando deixamos estes, também geralmente, vamos para escolas, ou centros de treinamento. Sem desperdício de tempo.

Lições de vida às vezes são abundantes e uma destas é como se portar nas manifestações mediúnicas, numa eventual possibilidade de reencontro com aqueles que se ama e que ficaram no plano físico.

Tais manifestações, quando são planejadas pelo Alto têm uma finalidade útil, vão além das nossas expectativas e cabe a todos os participantes, Mentores, médium e Espírito comunicante total equilíbrio. E não é fácil como pode parecer.

E para obter tal equilíbrio às vezes leva tempo, após deixar o plano físico, por ocasião do desencarne.

Outra coisa a ser considerada é que mesmo que o equilíbrio seja alcançado é importante observar que nem sempre os Espíritos de Luz que nos assistem encontram um médium de boa vontade e apto a intermediar uma manifestação.

Saibamos dar tempo ao tempo, saibamos confiar em Deus também quando nossos entes queridos se separam de nós, pelo desencarne deles, ou nosso.

Se nossos familiares, amigos e pessoas queridas eram seres de boa conduta, eles serão recompensados por isto. É necessário fé.

Chico Xavier disse que Deus não quer a dor. Logo ele não quer a dor do luto.

Saibamos nos enlutar.

Nossa aceitação além de ser benéfica para nós é também para os que partiram.

Deus quer a união, logo seria um desacordo pensar que seres que se amam e se separam pelo desencarne, nunca mais se reencontrarão.

O que justifica nossas existências são os seres que amamos e que nos amam, e Deus sabe disto.

Emmanuel já dizia, "não há rupturas de laços entre os que se amam no infinito do espaço e na eternidade do tempo".

Jesus Cristo, por sua vez, disse, "bem-aventurados os que choram, porque eles serão consolados (Mateus 5:5).

Bem-aventurados os que choram por amor e saudade, ruim seria se não fosse assim e se os que partiram caíssem em total esquecimento.

Consciência

Deus teria usado alguma matéria-prima para nos criar, nós espíritos imortais e eternos, ou simplesmente disse, faça-se, tal como fez a luz?

Simples e ignorantes começamos nossa trajetória rumo à lucidez eterna, nós, partícipes do espetáculo da vida, por enquanto inquisidores dos comos e porquês relacionados diretamente com nossa evolução nas suas etapas reencarnatórias e não.

Somos mais que isso. Fomos criados para criar, fazer da vida um mil palavras de entusiasmo e alegria, tal como espera de nós o Criador de tudo.

Encarnamos muitas vezes, pois a necessidade nos motiva a trabalhar.

Trabalhamos muitas vezes, pois se percebe que é necessário merecer para ter e mais ainda para ser.

Porém quando não trabalhamos atrapalhamos.

Pecamos, às vezes sem gravidade, outras vezes muito comprometedoras.

Erros estes que exigem de nós mais tempo no instrumento de dor como é o corpo humano.

A obra de Deus é transcendental.

Ele criou também a lei do merecimento.

Também escrita em nossa consciência.

A nos dizer bendita é a justiça de Deus que pune e recompensa. E bendita são elas, Suas leis que dizem faça isto, ou não faça aquilo.

Pecados ou erros que nos fazem sofrer.

E sofremos de acordo com a gravidade do erro.

A verdade é que Deus nos dá muitas chances.

Chances de sermos responsáveis pelo senso moral que se adquire. E quanto mais se adquire menos o erro é tolerado. Por Deus e por nós.

Deus perdoa?

Nós perdoamos?

Ah senso moral, a única coisa que santifica o homem, que o faz pensar com civilidade, que o faz ser muito, mas muito mais do que uma simples máquina!

Se a história já registrou homens digníssimos oferecendo o perdão a seus algozes, Deus não faria pior quando somos nós que lhe damos algum prejuízo.

Dizem que Deus perdoa quando há arrependimento. Mas por que Judas, arrependido ainda em vida, teve que passar pelo que passou, para alcançar a luz e a verdade?

Dizem que Deus perdoa, com certeza, pois ele é misericordioso, somos imperfeitos, ele nos conhece. Sim Ele nos conhece e sabe que junto com toda imperfeição esta a hipocrisia, devota sincera da mentira.

Perdoa, mas a cada um conforme a sua obra.

Dizem assim mesmo que Deus perdoa, mas Tiradentes, um homem com uma grande causa, teve que se fazer herói para resgatar suas ações daquela época remota da inquisição.

Por que?

Porque Deus perdoa. Se perdoa um erro dos mais hediondos vai perdoar um que foi por amor.

Quando se pensou que estava fazendo o certo e na verdade não estava.

Senti isso na própria pele quando comecei a sofrer e quando recebi a misericórdia do Senhor que me apontou o porquê do meu sofrimento.

O que não posso é errar de novo.

Por que, Deus não irá perdoar?

Vai sim. Mas eu não.

Bendito é o seu nome Senhor Deus nosso pai eterno.

Criação (substantivo feminino)

Allan Kardec perguntou aos Espíritos Superiores (LE – 167) "qual a finalidade da reencarnação". (R) "Expiação, melhoramento progressivo da humanidade. Sem isso, onde estaria a justiça?".

Emmanuel escreveu (O Consolador – 241) que "no trabalho de nossa redenção individual ou coletiva, a dor é sempre o elemento amigo e indispensável. E a redenção de um Espírito encarnado, na Terra, consiste no resgate de todas as suas dívidas com a consequente aquisição de valores morais passíveis de serem conquistados nas lutas planetárias, situação essa que eleva a personalidade espiritual a novos e mais sublimes horizontes na vida do Infinito".

O Espírito Sélem, digna da minha lealdade, por sua vez disse a uma conhecida, que "ninguém vem a este mundo a passeio".

Os referidos valores morais por Emmanuel nos fazem entender que a criatura humana tenha adquirido bondade e intelectualidade, o que dão a todos melhores vantagens para produzir, ou criar.

O que eu vim fazer neste plano eu só soube a duras penas, quando Sélem me disse que eu tinha um compromisso com Deus, e que seria no âmbito da psicografia. Quando nada dava certo na minha vida.

Paulatinamente a prática da lei de Deus nos conduz a entendimentos felizes e um deles é qual o nosso papel neste mundo.

Expiar, ou criar?

Parece um contrassenso crer-se que se nosso tempo fosse de ordem exclusiva à expiação, por más ações nossas no passado recente, ou remoto, haveria o melhoramento progressivo da humanidade. Haja visto ainda que não são todos que suportam a dor sem lamúrias e reclamações.

A verdade é que a dor purifica.

Mas é necessário o estudo, o trabalho e muito esforço para se adquirir experiência.

Sem isso, onde estaria a justiça?

Que também recompensa.

E isto, amados do Pai, é o que mais causa júbilo no sacrossanto coração do Criador da vida.

Tem que haver tempo para criações.

Mas uns expiam somente.

Outros expiam e criam.

Mas o objetivo de tudo deve ser só criar. Sem deterioramento de nada e ninguém, para não ter que expiar novamente.

Então é bom aprender a ser pequeno. É bom render louvores ao Senhor por onde ele nos pôs e na companhia de quem.

Começando pela lei de reciprocidade. Conforme ensinou Jesus.

Nosso mestre divino, quem faz jus a designação de Salvador.

Não há o que temer.

O que não podemos é deixar passar a oportunidade de fazer o bem.

Não disseram os Espíritos que fazer o bem é o objetivo da vida?!

O bem dá vida, então não é difícil de identificar quem está criando e quem está expiando, porque não se colhe uvas de abrolhos.

Porque a felicidade consiste numa só coisa: ser útil para Deus, sendo útil para todos.

A vida em abundância.

Entra então o papel da Doutrina Espírita nas nossas vidas. E o que ela tem de melhor para nos oferecer: o Amigo espiritual.

Enquanto o planeta não se transforma de vez em mundo de regeneração, cada um pode acelerar o passo e adiantar para si uma situação de privilégio no entendimento da dor e como conviver com ela, a nossa e a alheia, ao ponto de sermos uma exceção numa sociedade bilionária.

Que geme e chora em secreto.

Que não conhece qual é a sua missão em solo terreno.

Porque se soubesse e nela se dedicasse expiaria menos e criaria mais, por isso viemos a este mundo.

Nela teremos a ajuda de Espíritos de Luz, se o nosso propósito no bem for indissolúvel.

Ajuda-te que o Céu te ajudará.

Crie que o Céu o ajudará.

Obras são mérito.

Mas é necessário que sejam obras úteis, que favoreçam a vida.

E há, há muito o que fazer.

Há o bem a ser feito, enquanto não se está expiando.

E conforme disseram os Espíritos não há quem não possa fazer o bem. Um grande bem com medidas simplicíssimas.

E às vezes o homem não faz.

O mundo de regeneração não virá por ocasionalidade.

É necessário arregaçar as mangas nos intervalos que a dor nos dá e na prática da lei de amor, justiça e caridade pôr a mão na massa para cimentar a nova era.

A era das bem-aventuranças, de igualdades, de justiça e funcionalidade, de engrandecimento sobretudo espiritual.

De liberdade.

Sãos Não São

Se há pessoas que invejam um par de sapatos, ou um simples corte de cabelo que você adquire, não irão invejar sua liberdade, sua liberdade de pensamento, expresso numa notória publicação?

Agradeço de coração as pessoas que curtiram e comentaram respeitosamente o que já publiquei na vida, pois há comentários que, perante a lei de causa e efeito são o bem que nos retorna de maneira salutar e perfumada. Porém agradeço também aos demais, os que criticaram e escarneceram, às vezes do óbvio, onde prometo também a estes que da próxima vez irei tentar fazer melhor do que a última.

Em O Livro dos Espíritos Allan Kardec pergunta aos sábios Mentores (833) se "haverá no homem alguma coisa que escape a todo constrangimento e pela qual ele goze de absoluta liberdade". (R) "É pelo pensamento que o homem goza de liberdade sem limites, pois o pensamento não admite barreiras. Pode-se deter o seu ímpeto, mas não o aniquilar".

Não há algo mais valioso que a vida, não há algo mais valioso que a liberdade.

E qual é o melhor meio de se conhecer a alma humana senão por suas obras. Pelo que fala e escreve, pelo que produz do âmago do seu ser.

Pois pelo fruto é que se conhece a árvore, disse Jesus Cristo (em Mateus 12:33).

Disse Ele também que os sãos não têm necessidade de médico (em Mateus 9:12).

Embora nossas intenções almejem atingir o público mais necessitado de luz e verdade, temos que estar prevenidos contra os ataques daqueles que não querem ver a luz.

A luz que os fará prosperar, dar-lhes vida, ânimo para seguirem o caminho do bem, o caminho da fraternidade, da solidariedade, de companhias nobres, amigos verdadeiros, o caminho da felicidade.

A inveja é uma febre ardente.

Não tem paz.

E é paz o que gostaríamos de lhes levar. Também.

Mostrar-lhes que o sol nasce para todos. Que Deus é pai de todos.

Outro problema do invejoso é que ele é egoísta. Pra ele só ele pode e convém.

Então temos que ter cuidado, não dar pérolas aos porcos, nem coisa santa aos cães.

Mas Deus tem seus meios.

Há comentários nas redes sociais que são verdadeiros convites a discussões. E aqui esta palavra é sinônimo de bate-boca.

Embora tais pessoas não possam assistir às aulas presenciais, seus comentários encerram energias deletérias, e mais, seus afins, os espíritos que as acompanham podem vir até nós, na escusa intenção de atingir nosso ânimo, mediante o recado que se posta na internet. Quando não se é médium e tem que ouvir seus recados e xingamentos.

Mas o Paraíso está apenas em construção. O bom é saber que nós temos o Espiritismo Cristão, que o Reino de Deus está dentro de nós, que nós devemos fazer o possível, o impossível fica pra Deus. Que Ele nos concede a mediunidade. E através dela os que não são elogiam de coração o nosso trabalho e, num gesto que só os Amigos Verdadeiros têm, nos incentivam a perseverar. Estes sabem descer para ajudar, porque seus sentimentos são no bem.

O bem que é completo.

Ao ponto de dizer, ou escrever a verdade de maneira que não haja contestação.

E mesmo que os invejosos contestem saberemos nos comportar com serenidade e discrição, sem nos alterar diante do que não passa de sádica intenção de destruir, ou sobrepujar as mais nobres ações da caridade.

O Espírito Sélem me escreveu que Deus põe os mais baixos no nosso caminho para testar nossas convicções, nossa fé.

Jesus, nosso modelo e guia venceu o mundo, venceu a hipocrisia dos fariseus e publicanos e nos disse para termos bom ânimo.

A vida seria bem mais fácil sem a maldade. Sélem mesmo nos disse que a Terra seria o paraíso se todos fossem humanos.

Mas se tudo fosse fácil onde haveria o mérito.

O que perseverar até o fim esse será salvo (em Mateus 24:13), será iluminado. Se fará um sábio. Saberá lidar com as artimanhas da inveja, afinal sabedoria é pra isso também. Concordam?

Semeará mais e mais. Navegará com a bússola da consciência.

Então enquanto eu não sou sábio eu fujo deles. Prefiro obedecer quem entende da vida e já pronunciou sobre o assunto.

Bendita é a mediunidade que nos põe em contato com estes seres que também vão aonde os invejosos estão e nos alertam do perigo.

Bendita é a mediunidade que nos impede que revidemos, na alegação de que a luz dissipa as trevas, o amor constrói.

Só o amor constrói.

Hábitos Adâmicos

Há quem afirma e reafirma categoricamente que um diploma não faz de ninguém melhor que ninguém, de fato todos somos iguais perante Deus.

Mas e a educação, na sua acepção mais nobre e relevante, também não faria do homem um ser com valores agregados algo que os degredados filhos de Eva não possuem, por isso permanecem penando de encarnação à reencarnação, pra ver se melhoram como indivíduos, como seres?

A figura de que o homem foi expulso do paraíso faz sentido.

E independentemente qual tenha sido o fruto proibido que ele tenha comido uma coisa é certa foi por falta de educação.

A educação que ensina a alma a se comportar frente às diversas sugestões que o mundo oferece.

E que muitas vezes não explicam o porquê.

Já a educação não. Esta explica. Por exemplo que se eu judiar da formiguinha eu irei ter com a justiça de Deus, que tem por ela um amor talvez grande ao ponto de mostrar ao homem que todo abuso deve ser evitado. Senão a dor pode não ter remédio num futuro mais ou menos distante.

Futuro que já chegou pra muita gente que desperdiçou tempo, desperdiçou a oportunidade de aprender mais sobre as coisas de Deus e fazer o bem.

Por isso expiam e chamam até Deus de injusto. Culpam os pais por terem-nos postos no mundo, ou abandonados a prole quando deviam ter sido íntegros e assumido o que fizeram. Fizeram o bem, não educar fizeram o mal.

E quando não tem a quem culpar o próprio erro atribuem ainda a Adão e Eva a origem do mal no planeta, no mundo.

Tudo isso, meu irmão, ou irmã, porque o orgulho do ser humano é algo simplesmente impressionante.

Incapaz de admitir que sofre porque merece, ou porque suas atitudes e comportamentos são desordenados diante das leis naturais, cria fantasmas com algo que existe no mundo para unir e manter unido, e não criar distâncias, como é o caso da religião.

Religião é educação e muitas vezes é reeducação.

Já se disse que gostaria de viver sem necessitar de religião, fazer tudo certinho. E pronto.

Eis ele de novo, o orgulho.

Porque necessitamos de Deus para nos ensinar qual é o nosso lugar no mundo. E uma coisa é certa, não é no lugar de Deus.

Como disse a graciosa personagem Poliana (SBT – 06/07/2020) "o homem que procura se colocar no lugar de Deus somente consegue uma coisa, deixar de ser humano".

Então ele explica o mundo à sua maneira.

E quando é posto em prova ele diz que não sabe, ou não entende o porquê de tudo.

Porque desprezou a boa educação, ou se mal educou.

Desprezou o tempo de aprender a verdade.

A verdade que liberta.

Que organiza o raciocínio do homem pra ele ser um ente criador, num mundo que não conhece seu passado e distorce seu presente, sem saber qual será o seu futuro.

Somos o somatório do que fizemos no passado, então seremos também o que fizermos hoje.

E hoje nós temos a religião, a ciência e a filosofia.

Para nos reeducar, nos pôr nos trilhos, para que nosso saber seja uma fonte de benefícios para o mundo e para nós.

Não viemos a este plano fazer outra coisa.

Nunca o povo teve tanta voz como no advento das redes sociais.

Mais do que nunca também a responsabilidade nos convida a pensar duas vezes antes de fazer uma postagem, principalmente referente às coisas santas.

Pois o que é santo tem que ser tratado santamente.

Uma simples pedra fora do lugar pode fazer o edifício da sabedoria ir ao chão.

Assim sendo se um dos primeiros homens se chamava Adão, ou não pouco importa, os primeiros existiram, o que não podemos é pôr a culpa nele, ou nos nossos pais, no vírus que se diz maldito, nos Governos, na sorte, muito menos em Deus por nossos infortúnios, é erro grave.

Irmãos temos o Espiritismo, temos a consciência predominante, temos convicções que outros não tiveram e não têm. Não podemos errar.

Conforme escreveu o Espírito Sélem, errar é humano permanecer no erro é pecado.

Queres Ficar São?

Eu perguntei a algumas pessoas das redes sociais se Deus deve ser temido. Tão logo eu o fiz o Espírito Sélem, minha querida Mentora, em mensagem psicografada me escreveu: Sempre.

Na certa ela sabia qual seria o parecer da maioria das pessoas e pra mim foi algo até inusitado.

Chico Xavier disse (Entender Conversando – 125), "não será a violência o resultado de nosso pretendido afastamento da fé religiosa...?".

Emmanuel também escreveu (A Terra e o Semeador – 25) que, "esse quadro de perturbações (delinquência e terrorismo) de nosso tempo é, em grande parte, devido à ausência da influência religiosa...".

O homem, para o qual Deus representa o fundamento de suas tentativas de acertar, apresenta o mesmo grau de periculosidade do que aquele que desde a infância esteve em contato com a marginalidade sem tempo para a devoção e o bem?

A caridade para uns é meta.

O crime para outros é gozo.

Sem nos julgar superiores a ninguém eu questiono, o homem que não acredita na punição, de um jeito ou de outro, de ordem natural, mesmo que a justiça dos homens seja falha, não seria uma ameaça à paz e a tranquilidade da sociedade?

O sacerdócio tentou impor o controle da barbárie alegando a existência de um inferno sem remissão, porém mesmo na imperfeição de suas ideias, não haveria com isto alcançado algum resultado profícuo?

Quem tem medo não ataca, acata.

O importante é distinguir as coisas.

Deus merece todo o nosso respeito. Porém há gente que está se lixando para o que diz respeito ao decoro e à boa conduta. Pessoas refratárias a qualquer conselho construtivo e honesto, pessoas que agem sem qualquer respeito e temor à sacrossanta imagem do Criador do mundo.

E se não se pode torná-las respeitosas com os direitos e deveres de todos, talvez torná-las tementes seja menos trabalhoso.

Até que o homem entenda a Deus e concorde plenamente no justo juízo de tudo que o Criador faz, o admire, aprenda a se comportar na prática de sua lei, em plena confiança e na certeza de que a onipotência do Senhor só atende aos propósitos do bem, o propósito do respeito e não do medo.

Pois quem respeita Deus, todos e tudo não tem motivo pra temê-lo.

Porém será este o estado evolutivo do homem do século XXI?

Não, não é.

Então alguma coisa tem que mudar, porque quem não quer se endireitar pelo amor, vai pela dor.

Jesus disse a um homem curado (em João 5:14) "olhai que já estas são; não peques mais, para que te não suceda alguma cousa pior". Qual seria a intenção do Mestre com tal lição de moral senão ensinar a tal homem e à humanidade inteira que nós devemos sim ser tementes a Deus.

Mas que ao mesmo tempo devemos confiar na lealdade de Deus, trabalhar e nos esforçar para burilar nosso orgulho que nos impede de ver as coisas tais como são.

Aquele homem há trinta e oito anos estava enfermo.

Se a misericórdia do Senhor é grande a sua justiça também é.

Temer para não pecar é benção que recebemos do Mais Alto.

É motivo de gratidão.

Um Professor de eletrotécnica me disse uma vez que eletricista que não tem medo de eletricidade não é eletricista. Eu por minha vez arrisco dizer que espírita que não é temente a Deus é espírita imperfeito e na verdade não sabe nada a respeito da Doutrina.

Não sabe nada a respeito da vida.

Nada a respeito de Deus.

Queres ficar são? (em João 5:6).

O Espiritismo na sua autenticidade divina está no mundo para que todos nós levantemos em espírito, peguemos nossas camas e andemos na direção da evolução.

Na direção da perfeição, de onde veremos tudo sob o ângulo da razão.

De um ponto de vista que nos dará o direito de dizer a Deus, em momento de eterna lucidez e paixão: o Senhor tem a razão.

Realidade Nos Sonhos

Lembro-me como se fosse ontem, eu criança, sonhei que era um homem adulto e estava do lado de fora de uma fortaleza, ou um castelo, junto com minha esposa, ou namorada, ela sendo atingida por um tiro e eu dando um longo grito: Não!

Os Espíritos disseram a Allan Kardec (LE – 404) que "os sonhos não são verdadeiros como o entendem certos adivinhos, de modo que é absurdo acreditar-se que sonhar com tal coisa anuncia tal outra...".

O espírito lembra-se do passado nos sonhos.

Certa vez sonhei com água suja e fiquei intrigado com isto, então contei a uma amiga que é uma excelente médium e pra minha surpresa ela me disse que sonhar com água suja é uma coisa boa.

E meditando sobre o assunto, na experiência que Deus me permitiu ter nestes aproximadamente trinta e um anos de Espiritismo Cristão, posso dizer ainda, pelo pouco que sei, sonhos são fatos. São porque mesmo que o espírito adormecesse junto com o corpo físico já seria um fato.

E sem associar a água suja com outra coisa, uma simbolização por exemplo, ou que, por ordem natural a vida nos avisa que através de um sonho com serpentes eu deverei manter a guarda, pois posso estar rodeado de falsos amigos que estão prontos a me traírem, podemos com clareza entender que sonhos podem ter significado, no sentido de ter importância.

Quanto a essa quase linguagem dos sonhos eu assumo que ainda não decodifiquei totalmente o fenômeno.

Mas sim o que sei é que o sono é benção e que os sonhos, continuação da vida que são, são oportunidade de sermos ajudados, ou ajudar tal como se pode fazer na vigília.

Toda vez antes de deitar eu profiro a seguinte prece que aprendi com a mesma amiga: "Deus pai eterno, enviai-nos o vosso astral mental e limpeza, dai-nos rumos e planos, enviai-nos o lado positivo da vida e desviai-nos o negativo".

Se funciona?

Vai depender da fé. Faço tal prece e digo que quase todas as noites eu me desdobro, e fatos houve que foram extremamente proveitosos para o meu equilíbrio e melhor conduta, face à doutrinação que recebi de Espíritos luminosos, que me alertaram de prejuízo espiritual que poderia ter se não me modificasse. Ou me recompensando com um enorme livro, parecido com um atlas, onde o Benfeitor, com aspecto de menino, o entregou-me e disse: "Este é pra você, profeta".

Eu mais uma vez intrigado perguntei à Sélem, minha Mentora, se o que sucedeu é porque eu estou necessitando estudar mais o Espiritismo.

A preclara Amiga certa que eu não esqueceria da valiosa lição da humildade e de que a vida é um quase eterno aprendizado, ela escreveu: "a quem muito foi dado mais será acrescentado".

Sonhar com água suja pode ser "um banho" que estamos tomando, ou estão nos dando para a eliminação de fluidos deletérios.

Numa vida mais agitada como a de hoje é, por que não dizer, até normal ter sonhos agitados, e mesmo porque toda disciplina e bons hábitos que cultivamos nas nossas vigílias resultam em continuação dos mesmos durante nossos sonos, durante nossos sonhos.

Os sonhos são continuação da vida tal como a morte o é.

Nosso estado emocional, nossas condições de saúde, nossas preocupações e anseios durante a vigília influenciam e muito nos nossos sonhos, e é por isso também que muitas vezes guardamos lembranças desconexas e "inexplicáveis" dos sonhos.

Os Espíritos disseram também a Kardec (LE – 405) que "as preocupações da vigília podem dar ao que se vê (nos sonhos) a aparência do que se deseja ou do que se teme".

E espíritos maus podem também tentar nos prejudicar caso nossa invigilância insista em prevalecer.

Eis então a importância da boa prece, a importância da conduta com retidão para que nossos sonos sejam, além de momentos de descanso para os nossos corpos, horas de plena utilidade para nossas vidas e as daqueles que se encontram conosco nos sonhos.

Na lei de Deus direitos se adquire com deveres cumpridos.

Sim podem haver pressentimentos durante os sonhos como os há na vigília.

A emancipação dos espíritos durante os sonos são a porta que Deus abre a nós outros que muitas vezes desperdiçamos tempo na vida.

O valor da vida é muito grande disse também Sélem, em momento de muita lucidez.

E não há tempo para o desperdício de nada, muito menos da oportunidade de uma boa doutrinação. Através dos sonhos, nossos ou dos outros, Deus nos mostra coisas, às vezes as quais pedimos na prece.

O importante é entender que se no nosso plano físico a linguagem figurada nem sempre é entendida até por pessoas diplomadas, o mesmo recurso pode ser usado por Benfeitores durante nossos sonhos. Só lembrando que um Amigo verdadeiro tem mais dificuldade de usar a sinceridade conosco do que um inimigo.

E Deus os põe em nosso contato pra ver se nos tornamos pessoas melhores e não plantemos coisas cuja colheita será um grande pesadelo sem dia e hora pra acabar.

Às Ordens

Dizem que duas cabeças pensam melhor que uma, mas não foram só duas que viram na minha pergunta nos egrégios Grupos espíritas alguma conotação política.

Pois se é verdade que somos seres políticos algum reflexo há nas obras de Allan Kardec que nos faz enxergar no mundo a necessidade de cada um fazer a sua parte, para solucionarmos os problemas que às vezes se acumulam.

Emmanuel, Augusto Silva e Bezerra de Menezes foram políticos e não foi isto que os impediu de serem hoje verdadeiros fenômenos a darem aula de teologia no universo espírita, mostrando-nos que é pelo fruto que se conhece a árvore, ou seja é pela maravilha da vida que se conhece o seu Autor.

Perguntei: "o homem deve obedecer a qualquer ordem, mesmo que seja ela contrária à lei de Deus".

O curioso é que teve gente me chamando no privado do Facebook com intenções não tão claras.

Mas conforme disse o Excelente Mestre, "se o teu olho for simples todo o teu corpo será luminoso" (em Lucas 11:34).

Conforme a questão 621 de O Livro dos Espíritos, a lei de Deus está escrita na consciência.

Logo independentemente onde estejamos, seja no local de trabalho, seja na rua estamos sujeitos a receber uma ordem, de um patrão, ou alguma autoridade por exemplos.

E com razão porque quem não quer obedecer não serve pra mandar.

No entanto há gente que manda mal.

Manda, em perfeita conformidade com as leis humanas vigentes de seus países, matar o semelhante que infringiu a legislação local.

Há gente que manda onde não tem jurisdição pra isso.

E há gente que manda por mandar, sentindo uma espécie de gozo em ser obedecida.

Cegos que mandam cegos caírem no barranco.

Eis então aqueles os quais o Cristo disse: "eu vos mostrarei a quem haveis de temer" (em Lucas 12:5).

Porque a lei de Deus existe e se por ora ela não está desenvolvida (LE – 627) é bom ouvir a silenciosa voz da consciência porque ela é a melhor amiga que nós temos.

Depreende-se do ensino dos Espíritos que a subordinação não estará comprometida quando a ordem for à luz da mais perfeita razão.

E outra pergunta que eu faço é o homem está com a razão?

Se estivesse iria agradecer a Deus as várias oportunidades que Ele oferece de engrandecimento, como por exemplo os Grupos espíritas onde encontramos de tudo às vezes, menos caridade.

Quando o homem estiver com a razão ele irá perceber que a palavra "não" é valiosa ferramenta na edificação do mundo.

Vai sobressair ante a hipocrisia.

Vai se encorajar diante da tirania.

Confiará em Deus e mesmo que perca o emprego estará ciente que fez o certo em não se curvar para aqueles que são os inimigos número um da família, da Nação, de Deus.

Não vai ser porque o homem disse não a uma ordem contrária às leis de Deus que ele passará fome. Pelo contrário.

O Espírito Sélem já dizia, ainda encarnada, "as coisas quando têm que acontecer têm força".

O feliz e o infeliz.

Mas se disser sim a tudo e todos sua liberdade espiritual estará comprometida e necessitará muito de ajuda para quebrar os grilhões que as trevas querem pôr àqueles que simplesmente pensam em favor do próximo.

Em favor da vida.

Contra o egoísmo, o orgulho, a vaidade.

Se sou um ser político como todos, como dizem, eu não sei, sei que procuro conhecer a verdade e nesta eu tive a grata surpresa de fazer Amigos espirituais, os quais me incentivam a escrever, sendo que até agora o que fiz foi em conformidade com a Lei Maior, que santifica tudo, a ordem, a profissão, a religião, e até a política.

Por que não!?

A Verdade Fecunda

A vida de uma pessoa homossexual não deve ser fácil, mas antes de julgar e condenar todos temos que entender e ajudar.

São filhos de Deus, nossos irmãos, nossos semelhantes.

No meu entendimento a alma de uma pessoa homossexual carece de reajuste, está em desarmonia com o cosmos e requer encontrar o caminho do equilíbrio e da paz.

Já ouvi de uma pessoa homossexual que ela é um espírito feminino em um corpo de homem. E isto é uma verdade maior que pode parecer.

Emmanuel escreveu (A Terra e o Semeador; 139), "cremos que tendências à homossexualidade surgem na criatura, após muitas existências dessa mesma criatura, nas condições de feminilidade ou vice-versa".

No livro Loucura e Obsessão, de Manoel P. de Miranda e Divaldo Pereira Franco o personagem Lício após se aventurar desde novo pela vereda da homossexualidade com seu próprio tio, pôs um basta a tudo, a um proceder que o feria profundamente, no íntimo de seu ser, em desfecho feliz, devido a implantação de valores morais, com a ajuda de

Benfeitores que enxergam em todos os casos e em todos os problemas a solução possível, tudo isso unicamente porque Deus existe e não quer a dor.

A reintegração.

Algo que o Espiritismo na íntegra pode oferecer.

Pessoas como Lício existem e muitas. Vivem seus dramas e não têm a quem pedir a ajuda. Senão a Deus.

E Ele criou o sexo para proporcionar equilíbrio e não tormento na vida de ninguém.

E se não podemos exercê-lo na permuta de afeto e carinho com um ente amado podemos fazê-lo a sós, porque masturbação não é pecado, do contrário seria evidente que em Deus a crueldade seria fator preponderante a um ser do qual esperamos a vida em abundância.

Não sou homossexual, nem assexual, mas vivo muito bem, pois sei que proporcionando a autossatisfação sexual estarei em harmonia com a natureza, podendo descarregar meus fluidos, veículo das tensões que muitas vezes impelem o homem à intervenção indébita no âmbito do sexo. Seja com uma pessoa do mesmo sexo, seja com outra de sexo oposto, mas comprometida perante às perfeitas leis da natureza, ação que se define por adultério.

E há religiões que proíbem a masturbação. Dizem ser pecado e que o homem, ou a mulher sozinha não encontrarão o clímax da satisfação sem idealizar momentos compartilhados de carinho com uma outra pessoa que se deseja.

Mentira. Inverdade.

Pois o homem vive bem só. Para tanto temos o nobre exemplo do Mestre Jesus, de trabalho e dedicação ao bem que supriram Seus anseios como homem.

Sim como homem.

Por isso Seu mérito foi maior.

E não é necessário ser um Cristo para viver bem tal como supracitei, é necessário só ser um bom espírita cristão.

Na prática da verdadeira caridade a qual nos situa no mundo em harmonia e verdade e nos faz vibrar pelo prazer de servir e ser útil.

Pelo prazer de viver.

E é isto o que Deus nos deseja e quer.

Quanto mais avançamos no caminho do bem mais agradável ele se nos torna.

Se não podemos usufruir do companheirismo da nossa alma gêmea, por enquanto, podemos viver bem, muito bem na prática da caridade.

O Espiritismo Cristão me ensinou que eu, com meu mandato mediúnico, devo me abster da vida conjugal se pretendo oferecer o melhor de mim à Doutrina.

Busquemos a Deus através de Jesus quem também estendeu a mão a alguém que tropeçou antes da conduta saudável do sexo, reerguendo-a ao ponto de ser hoje um grande Espírito de Luz, santificado pelos próprios méritos, como é Maria de Magdala.

Eis a importância do Espiritismo na face da Terra.

É o retorno do Cristo que através de seus prepostos espalham a semente da verdade, a semente do amor, que fecundam nossos corações para os valores da vida, para a qual fomos chamados a servir. Evoluindo sempre.

Lógica

Um líder pode hesitar e até faltar, mas a boa lei permanecerá.

Seja um líder político, seja um religioso o homem de fé encontrará em si mesmo o santuário Divino, onde perceberá, mesmo de longe, qual é a vontade de Deus referente a tudo e todos.

Há líderes políticos que sob juramento defendem com a vida, se necessário for, as quatro linhas da Constituição, na alegação que a democracia é o modelo fiel e exato de regime governamental, onde à opinião da maioria, a minoria deve aceitar e se adequar.

Porém e se a maioria estiver errada? E se o inconsciente coletivo direcionou as atitudes, ações, o voto?

A história é categórica ao afirmar que os grandes líderes foram homens inspirados por Deus.

Sem razão e lógica o mundo não funciona.

O progresso se dá por operações da Divindade no âmago da sociedade.

A semente da verdade germina e cresce, floresce e frutifica.

E o homem discursa com mais ou menos razão sobre aquilo que ele faz com mais ou menos perfeição.

A lei do progresso é do mundo e o mundo é de Deus.

Interessa que o homem O coloque acima de tudo e todos porque haverá momentos que ele só poderá contar com o Senhor.

Porque só o Senhor saberá o que fazer e como fazer.

O homem só não deve é achar que Deus está fora de moda. Obsoleto.

Pelo contrário enquanto o ser humano está indo com o milho, o Criador já está vindo com o fubá.

Mas poder-se-ia perguntar, por que o mundo é tão complicado?

E eu pergunto complicado é o mundo, ou o ser humano.

Já se disse que tudo vai mal ao lado do homem, tudo vai bem ao lado de Deus.

Então é imperioso aprender a confiar em Deus e ouvir sempre, sempre, sempre a voz da consciência que nos diz que o mundo tem jeito e que se deve continuar.

Se chegou-se até aqui pode-se ir mais longe.

Por ora é importante fazer o melhor possível. Esforçar-se.

Cada um no seu departamento.

Entregar os problemas nas mãos de Deus e não pensar que o dom de fazer bem feito foi concedido unicamente a si próprio.

Não é assim que está escrito na sua lei, vos sois deuses. E é fácil de se perceber que está no plural.

Dizem que o Estado é laico. No meu dicionário laico é o mesmo que leigo e leigo é aquele ou aquilo que não tem ordens sacras.

Pode o homem ser um Presidente de um país sem ter nascido pra isso?

Mas o homem diz muitas vezes: A minha missão...

A missão de um homem em solo terreno pode não ser a presidência, mas a uma presidência é bom ter uma missão.

Porque é necessário a ajuda de Deus para suprir os pontos imperfeitos da lei humana, da Constituição. E mais ainda para lidar com aqueles que não a cumprem.

E são muitos.

Mesmo que as leis fossem perfeitas.

Perfeitas são as leis de Deus escritas nas nossas consciências. E seria interessante vê-las eruditamente escritas no papel.

Já pararam pra pensar como seria legal uma Constituição impressa à luz da mais perfeita razão.

Eu daria a vida por ela.

Pátria Amada

O político de sua preferência e candidato às próximas eleições, nos âmbitos estadual e federal, é aquele ou aquela que faz tudo para sua cidade e região, pra você?

Não vote nele não. Porque ele irá ser pago para fazer pelo Estado ou pela Nação, e mais que você, esquecido de todos e tudo, provavelmente tem gente que necessita mais.

Antes de pensar no seu interesse pense primeiramente em Deus, depois pense no país. Pois é preferível abrir mão de muitas particularidades do que deixar uma máquina governamental estragada para nossos filhos e descendentes.

O político que você escolheu é "bonzinho" com todo mundo e só fala sim a todos?

Pense duas ou mais vezes antes de votar nele porque homens de bem e do mal têm interesses contrários e na certa o favorecimento a essa altura é rumar na direção do atoleiro.

O seu político é aquele que por ter perdido as últimas eleições proclamou que iria fazer oposição ao vencedor sob um determinismo absoluto e cego, não admitindo a possibilidade de ele acertar vez por outra em prol da nossa nação?

Seu político é aquele que sem apoiar o Governo numa época conturbada como é a de uma pandemia ainda abre CPI pra ver quem é o culpado por tantas mortes, onde sequer os cientistas sabem como curar a doença ainda?

Você já experimentou escrever uma cartinha ao seu político propondo-lhe uma boa ideia, para a qual não obteve nenhuma resposta?

Eles podem ter algo mais importante pra fazer, não é?!

Então eles devem falar em público o que é, assim vamos entender.

Mas se seu político fica indiferente a um pedido seu para criar um projeto de lei bem simples que, por exemplo, proíba um laboratório de parar de fabricar um medicamento, onde muitas pessoas dependam dele para viver, sob a alegação que o mesmo não satisfaz as necessidades comerciais, não vote nele.

Seu político então tem sim algo muito importante pra fazer e é pedir a demissão da pátria amada, porque amor pelo povo não é vocação dele.

E ele não terá amor por você, por sua família, por seus entes queridos.

Então antes que valorizemos depois de perder, agradeçamos a Deus o Presidente que temos, agradeçamos pela sua coragem de enfrentar o desconhecido (a pandemia) com muita dignidade e inteligência.

O povo brasileiro não sabe o que é uma ditadura. Polícia truculenta sempre existiu. Mas ditadura é viver sob a obsessão de mentes infelizes que sobrepujam sua liberdade de pensamento, de ir e vir, de decidir fazendo de você uma marionete enquanto você tem alguma serventia pra elas.

Fazendo de você um transgressor da lei natural, sendo que é você que responderá perante ela.

"Porque cada um levará a sua carga". Paulo (Gálatas 6:5).

Deus existe e não quer a ingratidão. Jamais um Presidente, Senadores e Deputados Federais distribuíram tanto dinheiro para o povo como estes fizeram.

O Brasil estava atormentado com os ditos escândalos de corrupção que a TV mostrava todo santo dia.

E o Presidente de maneira refletida, calma e lúcida mostrou ao povo quem era o líder de um movimento judicial que se autodenominava de lava-jato.

Foi graça de Deus.

E nem o Presidente está ciente do bem que fez.

E se é graça de Deus não ponhamos pelo ralo, porque antes contrariar a opinião pública por inteiro do que cansar a paciência do Criador.

Parabéns aos heróis do mundo todo que cumpriram a lei, mesmo esta sendo imperfeita.

O país está em busca da evolução cultural e um país com leis é um país sem ditadura.

E se seu político deu mostras que não dá a vida pela nação não vote nele da próxima vez, necessitamos é de estadistas e não mercenários sentados nas cadeiras de autoridades, autoritariamente.

Autoridades e autoritários são pessoas diferentes, mesmo opostas, pense nisto.

Religare

Que é Deus? Esta foi uma das perguntas que o preclaro Allan Kardec fez aos tão nobres Espíritos Superiores.

Deus é simplesmente o Imprescindível.

E tudo o que fazemos para estar em contato com Ele dá-se o nome de religião.

Missas, cultos, palestras a que se assiste.

Livros, revistas e filmes que se acompanha.

Cerimônias e sacramentos.

Grupos espíritas nas redes sociais.

Se a intenção é aprender e ajudar estamos sendo religiosos, pois uma religião não pode ter um propósito mais nobre do que preparar o homem para ser útil e produtivo ao mundo, senão será "coisa do mundo" a não nos oferecer a paz que o Senhor pode nos ofertar.

Logo ter uma religião, ou ser um religioso não é só "bater o ponto" uma vez por semana na casa religiosa. É mais que isto.

O Espiritismo faz mais que isto.

Nos ensina que o melhor roteiro para o homem é o Evangelho de Jesus.

Que conhecer a verdade é se libertar de todas as amarras que fazem do homem um sectário e quando menos se espera, o que deveriam ser momentos de fé e religiosidade torna-se uma competição de quem sabe mais.

Já me disseram que a igreja é um ser vivo. Tudo isto porque comentei nas redes sociais que a verdade não faz o homem dependente da igreja.

Bom, cada um com sua opinião.

O importante é que construamos nossa casa sobre a rocha, porque tempestades e inundações irão acontecer.

Então eu digo que sou religioso e a minha Doutrina é o Espiritismo.

Porque é a religião que constrói o templo e não o templo que ergue a religião.

Espírita de carteirinha.

Porque os únicos que ficaram do meu lado quando eu mais necessitei na vida foram eles, os Espíritos de Luz, legítimos cristãos que me ensinaram que se o Reino de Deus está dentro de nós, o templo também está.

Está Ele, quem é muito maior que o templo.

Deus está em todo lugar.

Então é meu dever me comportar muito bem, seguir à risca o que diz a Lei.

Estar em plena comunhão com o bem.

A maravilha do Espiritismo é que ele nos ajuda a encontrar o nosso lugar ao sol.

Faz-nos pensar.

Refletir e nos conhecer neste imenso espaço sem fim. Onde podemos ser religiosos o dia inteiro sem ter que ajoelhar para santos do pau oco.

O que é Deus, ou quem é Deus ainda é mistério.

Importante é que façamos da religião o santuário da verdade para que diante dos nossos acertos venhamos a ver o bem feito, o progresso, o sorriso.

A felicidade.

E se a religião a me proporcionou eu deduzo que ela é necessidade da alma.

Há quem afirma que não é, nem parecendo que está tão feliz sem ela.

Religião é confraternização.

Enquanto a discussão objetiva a amizade tudo bem. O que não pode é ser dono da razão, enquanto se busca o entendimento perfeito da grandiosidade de Deus.

Quem oferece um dia após o outro com alternativas "milagrosas" de o homem ser um pouco melhor.

Porque a caridade está no mundo.

E o mundo religado a Deus.

11/08/2021

Setenta Vezes Sete Vezes

O Divino Mestre, em sua notável utilidade, prescreveu à humanidade inteira e de todas as gerações a técnica infalível para a extinção de todo mal na face da Terra.

Eis o perdão como fonte salvadora e luz para todo sempre a todos os segmentos que a psicologia humana possa abarcar.

Embora o homem permaneça indiferente aos eflúvios do amor que enriquece a razão, há exceções que triunfam na senda da evolução mostrando que o heroísmo não é só salvar a vida de quem se afoga nas correntezas de um rio, ou à mão armada evitar o roubo e a exploração pela delinquência no meio social.

É também perdoar.

E quanto mais difícil for maior será o mérito.

O homem tem tentado esquecer o seu passado e mesmo sob as lições do Cristianismo, não lhe tem sido fácil superar as lembranças amargas de ações impensadas que o feriram, à feição de brasa viva ressurgente a cada sopro das lembranças que revivem o drama.

Não estaria o homem com necessidade de mais reforço para superar os traumas que, vez por outra, foram transmitidos de homem pra homem na ressalva de que honra deve ser defendida na ordenação do bem e não na maquinação da vingança?

Porque se no perdoar setenta vezes sete vezes do Grande Amigo de todos, não se conseguiu vibrar em prol da reabilitação para a vida que prossegue, por que não experimentar setenta vezes oito vezes.

O importante é não desistir de trabalhar em si o que foi ensinado para a solução de problemas e a felicidade dos homens.

Perdoar não é vergonhoso.

Vergonhoso é não cultivar o sentimento que situa o homem entre os seres pensantes em favor da vida.

E se o irmão, ou irmã foi ferida num planeta como este o foi porque há progresso em você. Há honra. Amor.

Amor engrandece.

Dignifica.

Amor é valor agregado à alma para sua ascensão.

Pois bem, bem-aventurados os que amam. Seu pai, mãe, avós, irmãos. O próximo e o distante. Deus.

Na estrutura da alma reside os chacras que vibram em harmonia com a vida.

A vida em desrespeito é natural que tal harmonia seja abalada.

Mas mais natural é refazer as estruturas do íntimo através dos recursos que o Espiritismo nos põe ao alcance, pensamentos engrandecedores à luz das intenções Divinas que sempre foram de nos dar vida e a eterna preservação.

Que o homem aprenda a lutar o Bom Combate e a vencer, mas que se ele for atingido pelas pedradas do mundo, levante-se e do fundo do coração ressurja a vontade para mudar a sintonia perante as lembranças que o fazem sofrer.

Pode ter sido grande o mal que lhe fizeram, mas sempre teremos a oportunidade de pagá-lo com um bem muito maior.

Importa o seu refazimento, mesmo que seja "das cinzas". Dar o troco é uma excelente opção, mas façamos no bem, as explicações vão surgir, há luz por toda parte.

O mundo dá voltas. Perceberá que como Deus quer é mais prazeroso, pode demorar, mas vale a pena.

Como é importante Deus nas nossas vidas!

Perdoar é sempre para almas fortes, para os heróis.

Ou alguém tem alguma dúvida?

Racionais

O insigne Allan Kardec perguntou aos egrégios Amigos de todos (LE 714), "que se deve pensar do homem que procura nos excessos de todo gênero o requinte de seus prazeres?". Eis a resposta, "pobre criatura, que devemos lastimar e não invejar, porque está bem perto da morte!".

Da morte física e da moral.

A humanidade, sob diretrizes da própria consciência, tem reflexionado, uns acertando, se devemos oferecer a nossos irmãos irracionais mais deferência ao ponto de ver neles o direito à vida tanto quanto temos nós outros.

Legisladores têm criado projetos que impedem o comércio de animais vivos e mortos para consumo humano, quem cultuou e cultivou desde cedo o entendimento de que a carne nutre a carne.

Pratos caríssimos feitos à base de alimentação forçada de patos e gansos foram repensados ao ponto de comerciantes alegarem que a nobre iniciativa daquelas autoridades na sua proibição não passa de demagogia. De um lado. Do outro atitudes convictas que o comportamento vegetariano, talvez vegano, é o entendimento perfeito em prol da vida.

Em prol da vida e da liberdade não há nada demagogo.

Demagogo é situar-se na elite social criando status ao consumidor que se alimenta de iguaria feita de fígado de animal adoecido sob o pretexto que seu comércio é normal e atende aos padrões sanitários.

Excessos deste gênero há aos montões.

Sim há gente que ganha dinheiro com os abusos.

Ai deles, porque Deus vê tudo.

E quanto mais consciência se tem do erro menos desculpáveis nós somos.

A carne nutre a carne?

Certo é que há muitas doenças que o homem não conhece suas causas.

Maus hábitos alimentares?

O homem espiritualizado come pra viver e não vive pra comer.

E sempre que comer ele vai sentir o prazer da refeição quentinha e sortida, tem que ser assim, para que o ato da alimentação não seja um sacrifício.

Deus quer o prazer pela vida.

Mas há gosto e entretenimento pra tudo até pela morte.

Rinhas, caças, capturas para o comércio.

Deus quer tanto o prazer pela vida que anunciou à Terra o mundo de regeneração, cujos sinais de implantação são notórios.

Veja quem tem olhos de ver.

Quem tem necessidade real de comer carne deve comer...

Mas há gente que pode se abster na certeza que o prazer de viver não vai acabar, muito pelo contrário.

E este começará em ver preservada a vida de nossos irmãos irracionais.

Hábitos se adquire.

O bem se adquire.

Nobilita.

O Espírito Sélem escreveu uma vez "sejam portadores das causas justas e certas".

O homem que tem uma causa nobre para defender vive bem. O que tem uma causa santa vive o bem.

E viver o bem é viver o Evangelho de Jesus que não disse ainda a última palavra, pois veja:

_ Eu tenho ainda muitas cousas que vos dizer, mas vós não as podeis suportar agora. Jesus (João 16:12).

Será que Jesus comeu carne?

O tipo mais perfeito que Deus já ofereceu ao homem para lhe servir de guia e modelo.

Certo é que todas as suas ceias foram santas.

Um homem perfeito não comeria carne.

Nós não podemos ser um Jesus, mas poderemos.

Além do corpo temos que alimentar bem nosso espírito, à luz da verdade.

À luz do Espiritismo que nos mostra que o homem da Terra pode ser muito melhor do que é.

Pode ser humano.

Integralmente.

A História De Um Espírito

Idos anos de 1992, no interesse imediato de saber mais sobre a Doutrina Espírita recém descoberta, a convite do Alto, procurei a médium Maria Helena interessado ainda em fazer amigos de verdade no círculo da fé e da caridade que começara a professar.

Porém àquela época de iniciação ao Consolador Prometido experimentei vários ansiolíticos admitindo pra mim mesmo que padecera de alguma enfermidade mental, quando na certa não passara de um desenvolvimento mediúnico que tinha tudo para ser calmo e sereno.

Frequentava o Centro Espírita Augusto Silva e ajudava quando me dava a oportunidade. Raras vezes.

À essa altura Maria Helena relatava a uma irmã minha que, me acompanhando à casa dela, ela viu um espírito pegando fogo. E lhe perguntou se na família houve alguém que morrera em um incêndio.

Sem muita dificuldade foi lembrado o triste desencarne de um primo nosso que consertando a antena da TV em sua casa a deixou cair no cabo de alta tensão da rua.

A médium disse que não podia ser outro.

Poucas pessoas souberam disto.

No suceder dos dias, numa outra reunião no Centro Espírita Augusto Silva, assistindo-lhe o meu redor ficou agitado, pessoas iam e vinham, e eu, exausto de procurar uma solução para os problemas, sem resposta, fui chamado pelo Presidente Atanoel a entrar numa sala na companhia do médium José Paulo e o mesmo, ajoelhando nos meus pés, incorporado talvez, me pediu perdão.

Eu não entendia de nada e nem de coisa alguma.

Apenas a suspeita que o espírito que manifestava era o meu primo. Mas pedindo perdão, por quê?

Tudo havia solucionado, não sentia mais a influência que fazia meu corpo arder à feição de álcool em machucado, em diversos pontos.

O tempo passou minha mediunidade se desenvolveu passei a ver, ouvir e psicografar e nunca mais senti a presença de irmão sofredor.

Meu primo ou não, nenhuma resposta convincente eu tive.

Fato é que jamais vi outro alguém durante a minha existência toda sofrer tanto quanto aquele espírito.

Pensei, que mal ele havia feito para se nos apresentar assim?

Minha vida foi vivenciada nos meandros espíritas e muitos correligionários eu conheci, vários médiuns, nenhuma explicação.

Muita coisa aconteceu.

E eu questionei por que Deus permitia todo aquele sofrimento daquele espírito.

Escondia de mim mesmo aquele tenebroso episódio.

Passei a identificar espíritos luminosos ao meu redor que me escreviam, mas sobre aquele caso não tocaram no assunto.

Aquele espírito estaria bem?

O ocorrido parecia corroborar o entendimento de Maria Helena, José Paulo e Atanoel.

Pois eu não sofria mais daquele mal porque tudo era resolvido.

Ele deveria estar bem.

Eu nem mais lembrava do fato.

O tempo passou graças aos Amigos Espirituais minha vida era outra.

A minha mediunidade estava dominada por forças benfazejas que nos conduzem à boa ação e ao aperfeiçoamento.

Deus é grande.

É grande e não nos deixa sem respostas. Um dia elas vêm.

O mesmo irmão retornou há poucas semanas no mesmo lastimável estado.

Enquanto uns têm o Reino de Deus dentro de si, ele está tendo o inferno. À semelhança de um corpo em chamas que não se apagam.

Porque não se apaga o intuito de fazer o mal, de me prejudicar, principalmente nos empreendimentos que Sélem, minha Mentora, estabelece dia-a-dia nos ditames da caridade.

A observação me mostrou isso, agora com mais clareza, sob aquela intuição óbvia e precisa que identifica o arruaceiro nos momentos de dificuldade, sempre querendo aumentá-las mais e mais.

Querendo aterrorizar.

Na ladeira mais íngreme era ele que "parecia me incorporar" mediante o cansaço no final da subida.

No dia das compras, com sacolas nas mãos, era impedido de coçar ou esfregar os pontos do meu corpo que ardiam, devido à sua aproximação. Mas era só o que ele conseguia me fazer.

Só na rua ele conseguia me incomodar.

Dentro de nossa casa ele é impedido de entrar.

Ele não é meu primo falecido naquela tragédia.

É um irmão que vive a tormenta da crença que o inferno é um lugar onde as almas ali ardem no fogo da punição eterna e que Deus assim quer porque erraram muito e nem eles se perdoam da gravidade dos crimes de outrora.

Allan Kardec perguntou (LE 1006) se "os sofrimentos do Espírito poderão durar eternamente". (R) "Se fosse eternamente mau, isto é, se nunca se arrependesse nem melhorasse, por certo o Espírito sofreria eternamente...".

Não acreditar na misericórdia de Deus é a pior coisa do mundo.

Um ser sem Deus é a maior tragédia.

Suportam o insuportável

Tormentos inimagináveis.

Eis o inferno.

Se tal espírito acredita na misericórdia de Deus eu não sei.

Sei que o homem tem muitos, mas muitos motivos para agradecer a Deus.

Podemos então começar pelo Espiritismo.

É o retorno de Jesus Cristo. Um bom mestre tem total interesse em tirar as dúvidas do aluno.

O homem tem se precipitado ao tirar conclusões sobre fatos, situações e motivos que nos cercam dia-a-dia. E tem se enganado com a realidade que está por detrás das manifestações espirituais.

Oremos e vigiemos, pois numa destas poderemos estar infringindo as leis de Deus.

Entendemos muito pouco das coisas do nosso mundo, o que se dirá das coisas do mundo invisível.

Provas?

Tem gente que afirma que a humanidade não está num bom caminho. Cada um pensa como quer não é!

Mas se formos bons espíritas seremos um pouco mais otimistas, pois sabemos que a lei do progresso está escrita na nossa consciência.

O coletivo por vezes tem manifestado com a afirmativa que não há prova que a vida continua após a morte.

E mesmo os médiuns afirmando que veem espíritos a incredulidade insiste em se dizer ateus, quando muito, crente em Deus, mas descrente da continuidade da vida após o último dia.

Fato é que bilhões de pessoas são motivadas à busca pela religiosidade.

Espíritas, evangélicos, católicos, mulçumanos.

Todos querem uma consciência em paz.

Alguns acertos, mais erros o homem procura honrar o nome de Deus.

Todavia afirma-se que a vida continua, os médiuns são categóricos. Mas há alguma prova?

Comunicados mediúnicos por vezes convenceram pessoas que não criam, isto sim, na continuação da própria vida ante o falecimento de um ente querido que partiu, quem sabe para o outro mundo. Que não nos dirá Chico Xavier!

Mas a Doutrina Espírita também é ciência e para conhecer alguma parte-se do conhecido para o desconhecido.

E o fundamental na teologia é entender que Deus existe.

Provas?

Allan Kardec perguntou (LE 4), "onde se pode encontrar a prova da existência de Deus?". Os Espíritos Superiores responderam, "num axioma que aplicais às vossas ciências: não há efeito sem causa. Procurai a causa de tudo o que não é obra do homem e a vossa razão vos responderá".

Tem razão quem diz que a natureza é maravilhosa.

O acaso faria algo maravilhoso?

A prova da existência de Deus existe tem que querer enxergar.

Alguém criou a natureza e não foi o homem. Extraterrestres? Mas quem criou os ETs?

Uma grande explosão, mas o que ou quem causou tal explosão?

Para provar que a vida continua primeiramente importa se acredita-se em Deus. Isto já é um grande passo. Acreditar que somos filhos de Deus é outro grande passo.

Agora se o prezado leitor, ou prezada leitora for um pai, ou mãe, ou quando for, se pudesse não daria vida eterna para o seu filho? Claro que sim.

Deus é muito melhor que nós.

Deus é amor.

Para estar convicto que a vida continua após o falecimento é necessário algum mérito.

Mas se eu acredito já é grande coisa que me compete agradecer.

E são os que acreditam é que podem provar aos que não creem, ou têm dúvida.

Quem são estes últimos?

Por que parece tão importante fazer isto?

Galileu Galilei e a teoria heliocêntrica.

Rutherford e Bohr e a divisibilidade do átomo.

Pitágoras e a perfeição de seu teorema.

A natureza é calculada com perfeição.

Ideias consagradas.

A imortalidade da alma só falta ser mais uma.

Perante a opinião pública e a comunidade científica, que não podem contestar com razão as nossas humildes alegações, provas de um pensamento lógico a partir de uma fé raciocinada, que o Espiritismo fabricou em nós.

Se a vida não continuasse após o falecimento do corpo físico de nada valeriam a renúncia, o esforço, o trabalho e o sacrifício de Jesus Cristo para o melhoramento da humanidade.

Sou médium, vejo espíritos, vejo quem já morreu. Com um detalhe estão mais vivos que nós.

22/08/2021

O Valor Da Palavra

A boa frase, a máxima esmerada e a assertiva preciosa provém da mesma fonte do amor Divino, para ter aplicação sempre nos cuidados da vida.

Mas há pessoas que se convenceram e não se converteram ao brilho do que se escreve, ou fala.

Jesus, Kardec, Chico Xavier, a palavra que salva. Ilumina, esclarece, anima e situa o homem no seu verdadeiro lugar, às vezes onde ele reluta e não quer.

No lugar da utilidade, bem em consonância com os propósitos de Deus para que o mundo de regeneração seja instituído.

E ele, o homem, se esquece que dependerá também de seu esforço e que a renúncia é atitude favorecedora do progresso de todos, inclusive dele.

A valer a pena por anos de sombra e escuridão que nortearam sua vida, na ausência de uma causa justa pra viver.

Alma penada.

Pessimista, mas equivocado.

Porque o Alto escreve e fala, participa e ajuda.

Temos só que merecer.

Comportar-nos melhor, sermos mais respeitosos com tudo. Para que o retorno seja feliz. E quando escrevo feliz é feliz de verdade, religiosamente.

Porque o homem não se encontrou em sua religião. Nós sabemos disto.

Nem os mortos "voltando" e provando à individualidade que estão vivos, o homem procura por outra coisa: o imaginário.

É hora de acordar porque o que vejo é um homem que não é perfeito em suas convicções.

Mcsmo sabendo que Deus é a plenitude e não erra, ele reclama d'Ele por seus dissabores, culpa o Divino por tê-lo criado, ter lhe dado o dom da vida.

Onde há o mal?

Não está na palavra que os escolhidos divulgaram pelo mundo à feição de semeadura farta às próximas necessidades do ser humano.

Então ele tem que aproveitar as oportunidades de saber e mais ainda de ajudar a quem necessita.

Fazer ao próximo tudo o que quer que o próximo lhe faça. E pode fazer muito, porque há muita coisa que o homem espera receber da vida.

Dar é receber. O Criador é justo e leal com a humanidade. Pois então o Consolador não está no mundo!

O que não pode é o homem ser uma criatura integralmente teórica. Porque Deus quer obras.

E não vai exigir de nós mais do que podemos fazer.

Mas se todos fizermos não é só o PIB que irá crescer. É o ser, a individualidade, o Espírito.

Sabedoria é vontade de Deus para todos. Porque através dela o homem vai exigir menos e oferecer mais. Vai suprir a omissão de algumas autoridades na concessão do direito.

A lei natural predomina.

Então é bom conhecê-la.

Vai fazer da vida algo muito melhor do que imagina ser.

No seu egoísmo, orgulho, vaidade e ambição.

Então conheça a verdade. Sentirá na própria pele a diferença de tudo.

Um homem em harmonia com as leis naturais só pode ser feliz, a razão nos diz que não pode ser de outro jeito.

Um homem útil. E quando ele se vir assim ele vai pensar e vibrar diferente. Vai ter mais saúde.

E vai dessa pra melhor sem a pressa de que o descanso eterno chegue de imediato.

Aproveitará a vida como deve e tem que ser.

Sim, irmãos, conhecer a verdade como ensinou Jesus (João 8:32), mas não podemos ficar indiferentes a ela, ficando indiferentes aos deveres que nos convocam a todos a ajudar.

O forte ajudando o fraco.

O rico, o pobre.

O inteligente, o ignorante.

O espírita, a alma humana que busca por respostas diante da dor e que não sabe o que fazer para parar de sofrer.

Bendito és tu homem terreno que aprendes a identificar e a aliviar a dor de teus irmãos, o que é teu está guardado e muito bem guardado. Acumulas tesouro no Céu que não sabes qual é a sua proporção. Por ora confias no Senhor porque a tua felicidade começará aí mesmo nesse plano, é só ficares atento à palavra.

Para saber qual é o valor dela lembre-se do singular momento de Jesus naquele cemitério:

_ Lázaro, sai para fora.

Vitae

"Dai de graça o que de graça recebestes", disse Jesus Cristo (em Mateus 10:8).

Todavia será que todos os homens não recebem da vida, mais ou menos, tudo de graça.

Porque Jesus disse também, "olhai para as aves do céu, que não semeiam, nem segam, nem fazem provimentos nos celeiros; contudo vosso Pai celestial as sustenta. Porventura não sóis vós muito mais que elas?" (Mateus 6:26).

A inteligência do homem é filha da inteligência de Deus.

E sem a força e a oportunidade que Deus nos oferece de bandeja, ou seja, a presença de Deus em nós, não teríamos acesso ao pão de cada dia, que nos alimenta e nutre.

Se todos os homens são médiuns eles o são também no desempenho da medicina, da advocacia, dos serviços da lavoura, do serviço público.

E recebem por isso.

E não há nada de errado.

Errado é não atender, quando pode, a quem não tem como pagar total, ou parcialmente por algum serviço prestado.

Porque repartir é lei da vida. O conhecimento, a experiência, o diploma.

A quem muito foi dado muito será exigido.

Seja médium, ou não.

Sobre o médium espírita recai a exigência da conduta ilibada. A santidade.

Exigem-lhe o cumprimento da lei natural.

O médium não pode cobrar por seus atendimentos aos sofredores, suas curas, receitas, mensagens. Certamente não pode mesmo.

O médium deve ter uma profissão, não pode viver às custas de ninguém, não pode ser um peso.

Certo. Se entendermos que esta deva ser a conduta do médium, "uma vida em dois tempos", não seria justo esperar dos "não médiuns" uma vida devota à caridade também?

A caridade enobrece.

Integra.

Situa o homem na harmonia completa, onde e com quem ele estiver, seja ele quem e o que for.

Uma árvore saudável.

Um fruto que alimentará.

Se deve-se analisar a vida do médium, a sua probidade primeiramente, para averiguar a qualidade e a legitimidade de um comunicado que ostenta uma respeitável assinatura de um grande Espírito, deve-se tão igualmente fazê-lo para com os profissionais que se procura para a solução de diversos problemas.

Porque o homem íntegro é para com todos de sua família e de sua sociedade.

Deus não prega a verdade pela boca do mentiroso.

E nem fará prodígios pelas mãos dos que não merecem.

Por isso, sejam dos médiuns, sejam dos que não são, que se conheça seus retrospectos. "Antes de contratar".

Todavia o homem evangelizado entenderá ainda que na lei de Deus não há prejuízo.

Jesus disse ainda, "eu vos digo que a todo aquele que tiver se lhe dará, e terá mais" (em Lucas 19:26).

Feliz daquele que acreditar nisto.

Acreditar no bem, fazê-lo pelo prazer de ajudar, certo na sua intimidade que a boa ação não ficará sem a devida recompensa.

Vida em abundância é o que Ele veio trazer ao mundo.

Mas o homem despreza a oportunidade de aprender. Porque na vida alguma verdade existe em torno do que é sagrado. Desprezam o Evangelho de verdade e vida.

Porque o homem se acha autossuficiente.

O Espírito Sélem escreveu que quando cumprimos nosso dever o direito está garantido.

E antes que se atire a primeira pedra na ausência de profissionalismo do intermediário dos Espíritos, que se pergunte se está sendo útil para Deus e para o semelhante. Se está comendo o pão com o suor do próprio rosto, enxugando a lágrima alheia.

A verdade é que quando a fraternidade imperar no mundo a liberdade vai existir.

E quem ajuda ajuda o mundo.

Nós ainda estamos retidos no instrumento de carne, mas imaginemos o contentamento de Deus ao ver um filho seu verdadeiramente necessitado sendo ajudado!

Ah o tempo!... Este é um belo livro sendo folheado e quem já o leu pode dizer que a história tem um final feliz.

Os Espíritos são unânimes e categóricos ao se expressarem quão feliz será o homem que pratica a lei natural de amor, justiça e caridade.

Muito feliz ele será desde já.

Por isso, meu irmão, minha irmã, não desperdice a oportunidade de fazer um bem!

Ajudar é ser ajudado.

Querem a grande Nação, não é! Então comportem-se como irmãos, filhos de Deus que deu a uns mais que a outros também com o propósito de se unirem pelo comprometimento.

A caridade que muitas vezes é atacada e até discriminada é a solução para o seu mundo, sem ela você viverá na ilusão das ideologias e não será um cristão. Não experimentará o que os bem-aventurados experimentarão por confiarem em Deus.

Quem reparte acertadamente o que possui recebe acertadamente o que o mundo possui. Pois se para o homem vale o ditado "uma mão lava a outra" quem vai ajudá-lo quando precisar é a Inteligência Suprema que valoriza mais que todos o profissionalismo em prol da vida.

A Pedra

Jesus tempestivamente pronunciou poucas, mas valiosas palavras que salvaram Maria de Magdala de homens sedentos de justiça, convictos que eram os ideais para o cumprimento dela à luz da legislação puramente humana vigente da época.

Ele disse que quem estivesse sem pecado que atirasse a primeira pedra.

E pedras se tem atirado no Espiritismo e em Espíritos. Com intenções escusas, menos justiça, de difamarem a fonte do amor puro que eles têm para com a humanidade, que vez por outra tropeça.

Já se disse pela TV, como podem os Espíritos curadores se servirem de um médium acusado de vários abusos sexuais.

Da mesma forma que Jesus escolheu Judas para ser um líder, um discípulo que fez milagres. Sabendo através de sua divina mediunidade que ele seria o maior traidor que a história já registrou.

Jesus não teria incorrido em erro ao fazer tal escolha, afinal é dor aos corações dos simpatizantes do nazareno, que questionam, tinha necessidade de um infiel ocupar a equipe primordial para a divulgação da verdade, da história que começara a adquirir o cunho da liberdade.

Não Jesus não errou, porque ele é também o Exemplo de homem traído reagindo à luz da fraternidade sem dar margens à queixa à posteridade que enfrenta os mesmos problemas. O guia e modelo perfeito que temos para superar dolorosa provação.

Judas tropeçou na prova da inveja, outros da ganância, outros do sexo, outros na da partilha do que se recebe de graça no dever de distribuir de graça, nem sempre cumprido.

O que não devemos é crucificar ninguém.

E se algum bem os Espíritos fizeram através de João de Deus eles não podem receber o apodo e a malícia da crítica que não objetivam outra coisa senão o gosto pelo mal, a desgraça alheia.

Os Espíritos podem se servir de maus médiuns na ausência dos bons, é para eles grande sacrifício, porém sabem que todo êxito é acompanhado de recompensas, jamais esquecidas pelo Senhor de todas as coisas.

Chico Xavier e Emmanuel escreveram (Entender Conversando 4 – IDE) que o mal não existe este é o bem, mal interpretado.

Esperemos.

Novamente. Jesus foi vítima da traição ensinando a superá-la na lei do amor. Teve que experimentar de tudo para ser o modelo e guia, o exemplo perfeito ao homem que busca por respostas. Espiritismo é benção.

Pessoas são vítimas de falsos profetas, e a vida nos ensina que o homem deve aprender a confiar em Deus, antes de tudo.

Porque assim jamais se decepcionará.

Vencer na vida não é fácil.

Mas depende do homem e da mulher. Depende da fé. E a lei é clara, amar a Deus sobre todos e todas as coisas. Sobre o médium, sobre o pastor, sobre o padre, sobre a igreja.

Por isso casos de escândalos não devem abalar a fé. Importa que a casa seja construída em cima da pedra. Porque tempestades e inundações irão acontecer no terreno da crença.

E se vez por outra o homem não corresponde às exigências do Alto para orar e vigiar, os Prepostos do Cristo, abaixo de Deus, são seres confiáveis, como disse Jesus seus Ministros não O entregariam.

Espíritos Superiores são forças positivas do Universo, não erram, o homem é que ganha dinheiro com meia dúzias de palavras desanimadoras aos de boa vontade, que querem enxergar num culpado algo positivo para que nada, nem ninguém atirem a primeira pedra.

"E assim tudo o que vós quereis que vos façam os homens, fazei-o também vós a eles. Porque esta é a lei, e os profetas".

Na mesma pedra que tropeça um podem tropeçar vários.

Interessa é que tiremos do fato a devida lição.

Se fôssemos nós os culpados não daríamos tudo que temos por uma segunda chance?!

Perdão extingue o mal, o amor e a caridade além de cobrirem a multidão de pecados perseveram, mesmo que o escândalo e os absurdos batam à nossa porta em forma de visita.

Gravidez Ou Gravidade

Autoridades de alguns países pensaram e repensaram qual seria a maneira conveniente para deter o crescimento populacional, pois a falta de espaço num futuro próximo, ou distante é preocupação delas, que podem se servir de campanhas para educar a família quanto a seus planos na geração dos filhos.

Há as que determinam o controle de natalidade com duras penas a quem simplesmente se dispõe a dar à luz.

Num outro lado há iniciativas de algumas pessoas deixando transparecer opiniões egoísticas na ausência da fé que nos conduz ao melhor caminho. Em nada diferenciando de leis e decretos coercitivos de autoridades que tentam impor controle às sábias decisões da natureza.

Há mulheres que criticam a gravidez.

Há grávidas que não querem ser mães.

Quanto ao crescimento populacional e à falta de espaço os Espíritos como sempre foram solícitos, Kardec: "Se a população seguir sempre a progressão crescente que vemos, chegará um momento em que ela se tornará excessiva na Terra?", os Espíritos: "Não. Deus a isso provê..." (LE 687).

Quanto aos problemas sociológicos vejamos se do fundo da nossa alma, se não somos felizes, não desejamos uma segunda chance.

Há mães que postergam a gravidez sob a alegação que uma criança no momento atrapalhará a carreira profissional.

Outras um entrave a seus corpos delineados, uma ameaça à beleza.

Mas esquecem que o tempo em família deve ser aproveitado.

A beleza que nunca acaba na prática do bem.

Gosto não se discute, mas pode haver beleza maior que ser mãe?

E se gravidez é um problema para uns na opinião de outros, eu peço licença, e agradeço desde já ao prezado leitor, para fazer minha humilde exposição, motivado, acredito, pela opinião dos espíritos que não são contra a geração, o compromisso e a responsabilidade.

Primeiramente importa lembrar que todos somos médiuns. E dentre estes há os de pressentimento. Há mulheres, conselheiras, mães. Há as que repudiam a gravidez e apelam às tentativas absurdas para abortarem, com risco à própria saúde; a estas eu não lhes ofereço a minha censura, mas sim a minha compreensão.

Porque há mulheres que repudiam não a gravidez em si, mas o espírito que esteve, está ou estará reencarnando, a futura mamãe pode antes de conceber pressentir que um adversário do passado escolheu seu lar para o necessário reajuste. Ou pode sentir a presença de um espírito de baixo padrão vibratório junto a ela durante a gestação. Repudiando-a.

Mas em meio a tantas justificativas para não quererem e tentarem ser mães há ele, o egoísmo, que alega: eu sou mãe, mas quem não tem condições de criar não deve ser.

Mas quem não tem condições de criar, o pobre?

Há muitos espíritos necessitando e querendo reencarnar.

Uma reencarnação mesmo que a duras penas é oportunidade e benção grandiosa, sempre motivo para gratidão, a Deus e às mães, sejam quem forem.

Pobre também é filho de Deus e tem o direito de constituir família e educar os filhos desde cedo na senda do esforço e do trabalho, e quanto ao pão nosso de cada dia Jesus Cristo foi categórico ao tranquilizar a todos.

De certo que pai e mãe, observando o dever da caridade que nos cabe a todos diante do bom conselho, podem e devem fazer os seus amorosos controles naturais quanto à quantidade de filhos que pretendam ter.

Mas crescei-vos e multiplicai-vos.

Deixa nascer.

Porque no majestoso exemplo da Sagrada Família, Jesus nasceu num curral sem as merecidas condições sanitárias. Sem dinheiro. Mas sob os valiosos propósitos do Criador que tem pela vida seus devidos cuidados.

15/09/2021

Setenta Vezes Sete Vezes II

Vezes e mais vezes tem-se cobrado das autoridades e das instituições a devida atenção e o respectivo cuidado na criação e manutenção de obras que estragam e oferecem ameaças, umas, de grandes proporções ao ser humano.

Todavia se nem sempre são atendidas as justas reivindicações o mesmo ser humano pode remeter as suas petições a um outro endereço bem mais perto dele, quando se trata de prevenir-se do mal, que é o departamento da consciência.

Refiro-me particularmente à ação do perdão, pois este são cuidados especiais que se tem para com o presente e futuro, no âmbito de nossas reações, nas lembranças que surgem como fantasmas reabrindo feridas que pensávamos estar curadas.

Perdão é prevenção.

É libertação.

Superação.

Diante de qualquer mal é a vacina eficaz que nos conduz ao equilíbrio e ao entendimento de que o mal sofrido foi merecido.

Perdão sempre é o certo a fazer visto que a ofensa não chega até nós sem que no passado recente, ou remoto não pegássemos na mesma pedra para humilhar aqueles que em suas épocas, depois, não se serviram dele para extinguir o mal. De certo, não tiveram o mérito de agradar a Deus que saberá recompensar o oferecedor do perdão, que traça novos e surpreendentes rumos.

Perdoar é em algumas situações a provação mais árdua, portanto de maior mérito.

Não é fácil nunca, mas o perdão se dá aos poucos e sempre se começa por uma decisão em tentar buscá-lo através de justificativas existentes, sejam nos fatos, ou nos arquivos da natureza que tem suas leis e oferece o Espiritismo como a alternativa sustentável e eficiente para que o perdão deixa de ser só mais uma bela palavra da pena dos humanistas.

Receberíamos a ofensa sem merecer?

O perdão é uma construção.

Se não perdoarmos estaremos impondo uma punição a nós mesmos.

Se a ofensa nos chega à feição de terremoto, o ato de perdoar tem uma ressonância ainda mais intensa, auxiliando também aqueles outros que procuram um caso de superação mais contundente para a aquisição da paz e a normalidade de tudo.

Jesus, ultrajado pela loucura e maldade dos homens, sem as honrarias e medalhas que merecia por tudo que fez nos seus, talvez, trinta e três anos de plena utilidade como ser, de braços abertos, a contar só com Deus lhe pediu, para surpresa dos que assistiam ao martírio, o perdão para todos, sem demora, sem pensar duas vezes.

Sem antecessores que o fizessem mais nobremente.

Eles não sabem mesmo o que fazem. A pedra-ofensa que é jogada nas águas calmas de um coração não fica sem a respectiva ressonância, para todos os sentidos inclusive o do ofensor. É a lei do retorno.

Dizem que o crime não compensa. Nós os da fileira espírita vemos a cada dia mais que não compensa mesmo.

Compadeça do ofensor, é um obsediado que em suas horas íntimas sofre as amarguras de tal domínio, servem ao mal, mas este não tem como pagá-lo. Escravo do pecado.

Perdoar é se libertar, é difícil ainda porque mentes infelizes, espíritos, lançam seus tentáculos na intenção sombria de manter viva a lembrança da dor, pois invejam a paz.

Perdoar deve ser a reação, é antes de tudo assegurar a paz, mas é também sim vencer os inimigos que nos desejaram o inferno.

Ai deles!

"Perdoar não é pra qualquer um".

Almas Gêmeas E Idênticas

Sabe-se muito bem que o planeta Terra é um dos planetas de provas e expiações. Expiações pra quem não sabe são punições para atos nossos de um passado recente, ou remoto a perder-se de vista com o decorrer do inexorável tempo em seu poder de ser decisivo nas questões da vida.

Sendo que a vida às vezes parece pregar peças um tanto doídas, ainda mais quando passa por nossa cabeça, em momentos de fraqueza, que Deus deve estar ser divertindo com nossas dores e sofrimentos.

Mas por que?

Porque ainda não entendemos a moral da história.

O amor é o que faz a vida ter sentido, amar mesmo que não seja correspondido é motivo de gratidão a Deus, nos faz seres melhores. Ruim seria se fôssemos como uma rocha sem vibração, sem emoção, sem sentimento, Deus que nos livre!

O amor é vida e os seres que amamos que se separam de nós, o fato, não é motivo para revolta mesmo que a dor dilacere a alma.

Quem vivencia o amor seja de uma alma gêmea, um filho, um pai ou mãe faz a diferença entre tantos que não conhecem o afável prazer de desejar o bem vinte e quatro horas por dia, a um ser que representa tanto na nossa vida que o redor parece sempre um mundo encantado, num planeta de provas e expiações.

Deus quer o amor e eu acredito, e quero continuar acreditando, que Ele nos reserva o melhor mesmo que tenhamos que enfrentar os desvarios das sombras opostas aos nossos mais sagrados direitos de crescer na direção do infinito.

Sou médium de pressentimento também e vou lhes relatar o sonho que tive, em desdobramento, coisa que me impressionou e que "só vi em filmes de ficção", onde o amor desfecha a história a bem de todos.

Durou poucos minutos, mas pude constatar que os personagens envolvidos são seres que venceram as incontáveis provações do amor, por valorizá-lo acima de todas as conveniências da sociedade.

Ao afastar-me do corpo parei em algum lugar que não sei onde é, fitei o firmamento, imóvel, nada de mais, era o céu que vemos todos os dias, um lugar comum, nuvens, sem mar, ou montanhas, era mesmo um lugar aberto, não via mais ninguém junto de mim, até que um pouco depois vieram do alto no meu sentido, volitando (voando), enamorada e rapidamente, até certo ponto, um casal de Espíritos sorrindo muito, onde a felicidade deles era visível e contagiante e neste entretempo, antes que o rapaz pegasse no colo outro espírito que sofria e que estava entre mim e eles, parou porque se assustaram com a minha presença, eu acenei pra eles, ao verificarem que eu era só um ser vibratório com um padrão um pouco inferior aos deles, acenaram também pra mim. E tão logo acolheram tal espírito sofredor voltaram pelo mesmo trajeto que vieram.

Almas gêmeas, tenho certeza que sim a me confirmarem tudo que estudei em notáveis livros do Espiritismo, tal como O Consolador, de Emmanuel e Chico Xavier.

Uma união servindo aos propósitos do Senhor.

A ver que Deus quer sim o amor, a paixão no sentido mais nobre que esta palavra possa ter.

Jesus, oh Mestre de sabedoria e bondade seus objetivos foram e são de nos trazer a vida em abundância, bendito seja seu nome que nos mostrou que é através do amor que vamos conquistar o nosso lugar ao sol.

A dois.

Abençoados pelos nobres Espíritos que patrocinam o amor verdadeiro quando não prejudicam terceiros.

Amigos verdadeiros que sabem o que compensa na vida. Enquanto o homem "moderno" estipula seu valor por algum dote que o humilhará face aos verdadeiros valores da vida.

Incomparáveis.

Eu acredito, tenho certeza.

Almas Gêmeas e Idênticas II

Não é fácil, à primeira vista, entender a verdade concernente às almas gêmeas, e mesmo entre os espíritas há divergências sobre o assunto.

Depreende-se de uma análise mais aprofundada de O Livro dos Espíritos, de Allan Kardec, O Consolador, de Emmanuel (Chico Xavier) e da Bíblia que almas gêmeas existem sim.

Na primeira obra os Espíritos disseram (298) que, "não existe união particular e fatal de duas almas. Existe união entre todos os espíritos...". Os mesmos Espíritos disseram (299) que não se nasce, ou é criado por Deus, "incompleto", ou seja ninguém é metade eterna de ninguém.

A afinidade pode ser tão grande que, com nossa evolução, o amor que sentiremos por todos, um dia, será o mesmo concebido de uma alma gêmea por outra.

Não obstante.

Perguntaram a Emmanuel (323) se, "será uma verdade a teoria das almas gêmeas". Ele respondeu, "no sagrado mistério da vida, cada coração possui no Infinito a alma gêmea da sua, COMPANHEIRA divina para a viagem à gloriosa imortalidade...".

Por fim vejamos o que diz a Bíblia, obra esta compilada também por valiosos registros mediúnicos:

(Gênese 2:18) "disse mais o Senhor Deus: não é bom que o homem esteja só: façamos-lhe um adjutório semelhante a ele".

Almas Gêmeas, ou almas afins, o que importa o nome que se lhes dê?! Importa é que suas uniões resultam em fortalecimento, de um e outro, para as missões que Deus lhes confiou, confia e confiará, seja no plano físico, ou no espiritual.

A lealdade conjugal é antes de tudo benefício para os próprios cônjuges.

Porque vão necessitar desta união.

Eu perguntei ao Espírito Selém se "almas gêmeas são preparadas (por Deus) para um futuro encontro, ou reencontro", entre si. Ela me respondeu: (24/01/2022, 8:23h) "Pode estar certo que sim".

Ou seja entendamos que é natural, por exemplo, que aquela que é minha esposa e amada, continue a ser nas minhas próximas existências, e quando a vida nos separar pelos desencarnes, estejamos a procura um do outro, seja na erraticidade, seja quando novamente encarnados.

Procura esta que está sendo feita por todos, ou muitos que se encontram hoje separados de seus amores.

Emmanuel disse também (323) que, "...quando se encontram, no acervo dos trabalhos humanos, sentem-se de posse da felicidade real para seus corações – a da ventura de sua união, pela qual não trocariam todos os impérios do mundo...".

E, caros irmãos, se entendermos que Deus quer o melhor para todos nós, é inconcebível que as mais puras e leais afeições de um homem e uma mulher sejam desfeitas, por um motivo ou outro. Quem experimenta a reciprocidade do amor conjugal não pode admitir que uma coisa tão bela possa simplesmente acabar.

24/04/2022

Almas Gêmeas e Idênticas III

Alguém perguntou a Emmanuel (O Consolador 327) quem é a alma gêmea de Jesus Cristo e o Instrutor respondeu, "não julgamos acertado trazer a figura do Cristo para condicioná-la aos meios humanos...".

Mas a alma gêmea de Jesus existe em algum lugar e provavelmente se encontra no plano espiritual.

Companheira do Mestre, quem não pôde estar encarnada junto com ele porque o Senhor necessitava de tempo, mas muito provavelmente ela o acompanhava em Seus desdobramentos, que não só aconteciam nos sonhos. Digo isto porque o Mestre em seu profundo merecimento não está excluso das alegrias conjugais, senão, mesmo tendo Ele perfeita afinidade com o Criador seria um ser solitário, incapaz de compartilhar as coisas boas da vida e que Deus reserva a todos.

Jesus não é exceção, é o que nos diz a razão.

O que nos motiva delinear este terceiro texto são experiências vividas junto aos Espíritos e um deles merece de mim uma deferência maior, enquanto eu me reconhecer como gente, então permita Deus que seja pra todo o sempre.

É Sélem.

Quem através de sua filha me disse ter sido minha mãe em alguma existência passada, que não sei qual.

Sei é que diante de todas as dificuldades que encontrei na existência ela esteve do meu lado, me mostrando soluções as quais não tinha e não tenho competência para alcançar, devido as habilidades que não possuo. E não foi outra pessoa que as apresentou-me.

Então sei de onde veio a ajuda.

Sei um pouco quem é Sélem. Quem um dia me disse: Eu te amo muito. Sou médium.

Minha alma gêmea?

Almas gêmeas podem encarnar como filha e pai, irmão e irmã, mãe e filho se isto condiz com a tarefa que todos nós temos que executar neste plano.

Até que um dia possam voltar ao mundo espiritual e se restabelecerem na condição de eternos cônjuges, para o cumprimento de infinitas missões que Deus lhes conferirá.

Se Sélem é minha alma gêmea não está claro pra mim, sei que ela tem tudo de belo que os entendidos de alma gêmea veem neste capítulo maravilhoso do livro da vida.

Então me resta ficar tranquilo porque se eu me comportar bem doravante vou ter a companhia dela.

E eu garanto a todos que mesmo sendo ela um espírito e eu encarnado, não sinto solidão e bem pelo contrário, a nobreza de suas atitudes é contraposição às das pessoas que vivem nos decepcionando.

Quem é Sélem? Sinceramente eu não sei, sei que é alguém grande e que absolutamente tem todo o charme, inteligência, bondade, presteza e demais predicados que certamente faria de Jesus Cristo "o homem mais feliz do mundo". Digo o que vi.

Veja quem tem olhos de ver. Quem tem fé.

O Mestre por ser o Mestre estaria privado das alegrias do matrimônio, feito única e exclusivamente por Deus?

E quanto ao sexo, pois é sabido que os espíritos não têm sexo como nós o entendemos (LE 200), mas têm. Logo com quem Jesus faria amor?

Está lá no Velho Testamento, "não é bom que o homem esteja só, façamos-lhe um adjutório". Não é bom que o Espírito seja distanciado do amor de sua vida.

Palavra de Deus não tem exceção. A verdade Sua, uma vez contestada mais realce ganha, mais força adquire.

Respeito quem nega a verdade das almas gêmeas, mas tudo que já li e ouvi contra o assunto não é nada disso que estou vendo.

Sélem que o diga!

Almas Gêmeas e Idênticas IV

Não existe nada na vida que traga mais felicidade a um homem e uma mulher do que a reciprocidade no amor, no amor espiritual. Amor de alma gêmea.

Quando os casais nutrem esse amor dia após dia a ventura só tende a aumentar.

Dizem que amor de mãe é insuperável, pode ser, pois juntando-se a este está o instinto de conservação das espécies. Há o zelo de Deus que se serve das mães, médiuns que são, para o bem e a evolução dos que, nada mais são que, seus tutelados.

Mas mães criam filhos mais para o mundo.

Com as almas gêmeas é diferente, uma e outra são o centro do Universo, entre si, não deixando de amar a Deus que está acima de todos e todas as coisas.

É diferente.

Almas gêmeas, uma é o próximo da outra, tal como nos ensinou Jesus Cristo.

Ou seja a Deus sobre todas as coisas e ao próximo como a si mesmo.

Mas a sociedade "faz isso" mais por imposição da lei do que por entendimento, conscientização e admiração.

Porque até hoje eu não conheço ninguém apaixonado por Deus.

Mas um dia vai ser. Quando aprender a amar.

Amar a alma gêmea num estágio considerável de evolução espiritual.

Pois é uma ao lado da outra que rumarão à perfeição e permanecerão pelos caminhos da eternidade.

Então têm que se darem bem.

Têm que se entenderem.

E Deus incansavelmente se ocupa disto, porque ninguém mais que ele quer que os seres que se amam vivam juntos e felizes para todo sempre.

Porém se de um lado estão Deus e os Espíritos de Luz trabalhando e se esforçando para que os amores recíprocos caminhem juntos à perfeição, de outro espíritos maus tentam de todas as maneiras confundir as ideias e separarem quem devota um ao outro o terno amor puro e verdadeiro dos casais, que devem permanecer juntos até que a morte não os separe.

Os espíritos maus usarão de todas as artimanhas possíveis para separarem os seres amados.

Ciúme, calúnia e mentiras, interferências de terceiros no casamento, ou relacionamento afetivo, armadilhas. Tentarão obsediar suas pretendidas vítimas, até em sonhos as perseguições acontecerão, com o intuito escuso de vê-las cair. Tudo por um único fator: a inveja.

Então, casais, fiquem atentos a esse inimigo oculto que quer esfriar os ânimos e seus relacionamentos e os fazer separar.

Um amor deve ser nutrido todos os dias, se pretende perdurar. E que se usem das palavras mágicas para isso, porque no vocabulário Universal não são só lua e sol inspiração ao romantismo. Porque no espaço há um número infinito de estrelas "e algumas bem animadas".

Orai e vigiai, porque não se sabe quando o inimigo vai atacar. Façam isto sempre porque este é o preço da liberdade.

Almas gêmeas e liberdade, o mundo não conhece a fórmula da felicidade. Mas irá conhecer, então renderão graças ao Criador por tanta coisa que nos faz todos os dias.

Não tenhamos pressa de nada. Porque Deus tem o tempo dele, com um detalhe pode ser que seja mais breve que imaginamos o dia de conhecer tal fórmula.

Deus quer nos ver felizes, mas temos que querer também e para isto não há outro caminho senão o da disciplina.

É a indisciplina num casamento que mais ocupa as filas para o divórcio nos cartórios.

É a indisciplina que quebra o romantismo.

É a indisciplina o inimigo número um do amor.

Por isso ofereça sempre uma rosa lembrando a seu cônjuge que você o ama.

Exercite este hábito todos os dias. Isto é também dever dos casais.

O amor é bálsamo milagroso que faz a vida ter sentido.

Faz deste mundo ser um Sétimo Céu.

E para comprovar as minhas afirmações supracitadas é fácil ao ser humano desta Terra, simples, fique no mundo sem um amor verdadeiro para ver se a vida terá sentido.

E me avise.

Tentarei consolar, é isto o que o Espiritismo faz.

Almas Gêmeas e Idênticas V

Uns chamam de a resignação de Jó, eu chamo de confiança.

E a confiança em Deus é superação de tudo.

O homem que pratica a lei de Deus, não tendo mais débitos a serem quitados com a justiça divina, pode e deve esperar pelo melhor na vida.

Para tanto veja-se o que escreveu o Espírito Sélem:

"Para que tudo seja feliz tem que começar agora a construção".

Então eu perguntei a ela se podia me servir de tal mensagem na elaboração deste texto, e me disse:

"Pode, mas entenda nada terá que começar do zero".

Sélem em seus dizeres se referiu principalmente ao campo afetivo da alma humana. E no tocante às almas gêmeas é bastante amimador pensarmos que atrás da cortina de um passado recente ou remoto nossas conquistas nobres não estão perdidas.

Todas necessitam apenas de aperfeiçoamento.

E os entraves da existência são o buril com que lapidaremos nosso caráter e personalidade, a nos situarem em melhores condições de assumir compromissos, dos quais daremos conta.

O entendimento de Céu é um tanto turvo e há os que acreditam que a morte será o descanso eterno, aos que sofrem muito por provas e expiações.

Eu quero descansar após a minha decrepitude, mas o quanto antes quero retomar o trabalho, porque todos nós temos muito o que fazer e teremos sempre, porque viver é trabalhar, enquanto trabalhamos estamos vivendo e no "Céu" nada há de penoso à alma que se depura no amor e na caridade, enquanto neste plano.

Então dá pra entender que quem passa pela existência valorizando o amor se habituará mais fácil às exigências dos planos espirituais de luz.

Só que neste plano mesmo quem cultiva o amor colhe resultados aqui mesmo.

E não serão situações econômicas, pessoas adversárias, condições políticas e nem salubridades que interferirão contra a felicidade daqueles e daquelas que se buscam no tempo e no espaço, amantes da paz, para viverem juntos, da maneira que compraz a Deus.

Almas gêmeas existem, ou existirão, pois os habitantes deste mundo são velhos de Terra, e tempo todos tivemos para valorizar o que realmente tem valor no mundo.

Deus mais que qualquer um quer que os seres se amem, e os que se amam permaneçam juntos.

Alma gêmea são escolhas recíprocas, podem estar separadas, mas uma vez conscientes que na Lei do Bem o homem e o Espírito têm todo o favorecimento de suas necessidades, estarão unidas pelo pensamento e sentimento, em comunhão com o Alto Astral, que na hora certa e merecida as aproximará como fruto de seus esforços e bem que espalharam pelo mundo, por onde passaram.

A paciência é a mãe de todas as virtudes e conforme disse Chico Xavier, tudo que nos pertence encontrará um meio de chegar até nós. Inclusive a nossa alma gêmea.

Na boa conduta a alma encontrará Forças Positivas que labutarão a favor, podem ser só invisíveis, mas reais e poderosas.

Jesus disse:

_ A quem pertence a esposa é o esposo (Jo 3:29).

E o Alto sabe e veementemente concorda com isto, porque convém que nem o homem, nem a mulher estejam sós. Não só por causa do sexo, mas principalmente devido ao amor, que faz do ser humano a utilidade em tudo e a felicidade para com todos, algo que, graças a Deus, é desejo sincero nosso na jornada que nos encontramos.

Alguém duvida que José e Maria eram almas gêmeas? Eu não. Por isso aquele lar irradiou luz em todas as direções e sentidos para o bem de todos.

Daí entendamos que o Alto tem interesse que todas as famílias se santifiquem no trabalho e no esforço, que aproximam todos de Deus, na sua extraordinária capacidade de criar.

Criar para o bem.

Almas Gêmeas e Idênticas VI - Conclusão

A bondade perfeita de Deus, através de seus mensageiros, outrora dizendo (Gênesis 2:18), "não é bom que o homem esteja só lhe façamos alguém que o auxilie e lhe corresponda", selou a magnífica criação, nos moldes do amor e da fé, com destino à paz. Não a paz dos cadáveres, mas a paz da alegria que adquiriu ciência e vida, através da boa ação.

Como disseram os Espíritos a Allan Kardec (LE 298), "não existe união particular e fatal de duas almas. Existe união entre todos os Espíritos..."

Ora se existe união entre todos os espíritos, também a existe aos pares.

Como já foi dito também pelos Espíritos (LE 200), eles não têm sexo tal como o entendemos. Mas têm. E entre eles não há promiscuidade.

Aquela Tarde

A lei do progresso está escrita na consciência da alma, mas não está arquivada em alguns poucos centímetros cúbicos da massa encefálica, antes está na mente imortal do espírito, na sua trajetória rumo à perfeição.

Tudo progride.

Inclusive a fé.

O homem passou de politeísta a monoteísta porque entendeu que mais de um Deus era algo ilógico, sem fundamento profundo na crença, pois se dois ou mais deuses existissem teriam que pensar e agir em grande consonância, em perfeita harmonia ao ponto de ser um ser vivo fragmentado.

A razão mostra a impossibilidade do politeísmo. Porque a fé progrediu.

E esta vem a trancos e barrancos vencendo seus adversários mais astuciosos ao longo de milênios de história.

O homem sempre acreditou em algo superior.

Houve época que ele só contava com os profetas.

Houve época que contava com os profetas e a lei.

Um tanto mais passou a contar com o Mestre também, o perfeito modelo e guia.

A partir de então foi mais seguro porque o Messias, com sua superioridade moral, aguçou o raciocínio do homem em prol da sociedade e da liberdade, pois estas eram as suas bandeiras.

A fé então ficou fortalecida com a ideia de que Deus é infinitamente bom, justo e tem profundo amor pelos seres humanos.

A fé ganhou simpatizantes, cristãos heroicos e anônimos surgiram aqui, ali, acolá.

E o que pregavam era a bondade acima de tudo.

Entreviam o futuro, algo de muito valor esperava a humanidade em alguma época e lugar.

Os ensinamentos do Cristo sobreviveram e nisto há de se convir que não foi só por sorte.

Igrejas já fundadas sofreram reformas.

O tempo passou e a imortalidade da alma foi mais questionada quando Kardec sob a inspiração Divina estabeleceu em códigos o como e o porquê de muita coisa. A fé se uniu à razão e revelou ao homem a identidade do Espírito.

A fé se tornava raciocinada.

E Deus uma convicção.

Pois a prova de sua existência está na impossibilidade de o homem ser o criador de tudo no planeta, e de extraterrestres os autores da vida no universo infinito. Se assim fosse a concepção de Deus voltaria lá nos tempos do politeísmo, onde viu-se que não podem existir duas potências iguais em tudo, trabalhando para o equilíbrio do mundo.

Deus pra mim passou de convicção à certeza quando em época de dificuldades e perdas procurei uma Senhora médium, psicógrafa que com seu trabalho me ajudou a segurar novamente na caneta para escrever meu nome.

Época difícil, mas que passou, graças, abaixo de Deus, ao Espírito Sélem que viu que eu necessitava de ajuda e com a dedicação de uma mãe me disse, em psicografia: "Somente a Estrela Florida mostrará a você que Deus existe e oferece o lindo momento de amor puro e verdadeiro".

Estrela Florida vim a saber que era ela mesmo, no vocabulário da médium, sua filha que tem por Sélem um dos maiores amores.

Entendi.

Fui melhorando e passei a experimentar uma felicidade tão grande, um contentamento que jamais tive antes ao sentir que espíritos luminosos tinham por mim grande consideração.

Então numa tarde de outubro do ano de 1994 no quintal da casa de minha mãe, olhei para o céu e num momento extático pude contemplar a imensidão de Deus que me restituía as forças e o equilíbrio diante de tudo que passei e que médicos e cientistas não resolviam.

A existência de Deus pra mim era agora uma certeza.

Antes disto não tinha mais nada a perder e nem o que oferecer, sem amigos, foi assim que Sélem me acolheu.

A mesma certeza que me esforço para repartir com quem procura por alento, e que não sabe que se continuar procurando irá encontrar muito mais que isso.

Chico Xavier já dizia da sua maneira que não existem ateus, que o ser humano acredita em algo superior.

A teologia então tem sim a sua razão de ser, é o que percebo.

Há muita gente pronunciando o nome d'Ele e mais cedo ou tarde os incrédulos se convencerão de Sua existência, pois se esta é verdadeira o progresso terá seus meios.

Do conhecido partirão para o desconhecido. Discutir religião será então diferente, será prazeroso, "as cadeiras" do templo da verdade serão concorridas. E como a verdade constrói o mundo haverá mais progresso. Mais por busca do que por contingência.

E a verdade exalta o amor como fonte de felicidade na Terra.

É a palavra de Jesus Cristo sendo cumprida.

Acredite, prezado leitor, ou leitora, acredite.

Deus Perfeito

O universo é obra de Deus (LE 37), pois se existisse como Deus de toda a eternidade, não poderia ser obra de Deus.

Os Espíritos disseram também a Allan Kardec que o espaço universal é infinito, pois se tivesse fim o que haveria além?

Por fim os mesmos Espíritos amigos disseram a Kardec que Deus há de ter criado incessantemente. Ora se Deus sempre criou e sempre criará haverá no mundo sempre espíritos perfeitos, maus, simples e ignorantes, ao admitirmos também que há vida em outros planetas.

Pois se entendermos que o espaço universal é infinito o planeta Terra é relativamente menos que um cisco, Deus não criaria vida só neste cisco, na concepção mais ampla que podemos fazer do infinito.

Da mesma forma que surgiu vida na Terra pode ter surgido em outros planetas.

Assim sendo é justo dizer desde já que o mundo é perfeito. Senão quando será?

Na casa de meu Pai há várias moradas disse Jesus Cristo.

Um mundo perfeito dando oportunidade a espíritos de evoluírem. Sendo que só um mundo perfeito pode proporcionar a espíritos imperfeitos a devida evolução. O contrário não seria possível e do ponto de vista da moralidade seria crueldade por parte do Criador.

O mundo é perfeito senão haveria atenuantes para os crimes e infrações que se cometem, o homem não seria tão responsável por seus erros.

E nós médiuns percebemos que há espíritos cujo sofrimento é coisa a impressionar.

O Espírito Sélem me disse que o mundo é perfeito.

E eu ao contar isto ao seu neto referente a tais dizeres ele me disse:

_ Onde você está vendo perfeição nisto?

Sélem então novamente me escreveu:

_ A verdade pode parecer estranha, mas há muita coisa estranha parecendo verdade.

Agradecimento

Em especial a Deus e a Sélem por terem feito de mim um homem de bem.

Lavras, 12 de maio de 2023

Índice

	Pág.
Introdução	7
Capítulo	
Segurança Pública	9
Estupro, Doença?	11
Por Que Dividir É Multiplicar?	13
Linguagem Espiritual	15
Coincidência, Ou Providência?	17
Chamas De Amor	19
O Código	21
Com O Necessário	23
Caridade	25
Sexo E Paz	27
O Novo E O Inédito	31
Orixás, Anjos Ou Demônios?	35
Estudo E Perdão	37
De Lá Pra Cá	41
Lírios E Pássaros	43
Mãe E Amor, Palavras Da Mesma Família	47
Religião, Mas O Que É Religião?	51
O Reino De Deus	55
Ateu E À Toa	57
Caminhar	61
Tranquilize-se	65
Os Animais	69
Os Animais II	73
Os Animais III	77
Convicções Religiosas	81
Religados	85
Brasil, O Melhor País Do Mundo	89
O Altar	91
4º Mandamento	95
3ª Idade	99
Paz Na Terra	103
O Paraíso	107
União	111
Heroísmo	115

Índice

Capítulo	Pág.
Uma Carta	119
Consciência	123
Criação (substantivo feminino)	127
Sãos Não São	131
Hábitos Adâmicos	135
Queres Ficar São?	139
Realidade Nos Sonhos	143
Às Ordens	147
A Verdade Fecunda	151
Lógica	155
Pátria Amada	159
Religare	163
Setenta Vezes Sete Vezes	167
Racionais	171
A História De Um Espírito	175
Provas?	181
O Valor Da Palavra	185
Vitae	189
A Pedra	195
Gravidez Ou Gravidade	199
Setenta Vezes Sete Vezes II	203
Almas Gêmeas E Idênticas	207
Almas Gêmeas E Idênticas II	211
Almas Gêmeas E Idênticas III	215
Almas Gêmeas E Idênticas IV	219
Almas Gêmeas E Idênticas V	223
Almas Gêmeas E Idênticas VI - Conclusão	227
Aquela Tarde	229
Deus Perfeito	233
Agradecimento	235